왜 신앙이 필요한가?

도서출판 말씀과만남은 그리스도인들과 세상 모든 사람들이
하나님의 말씀과 만나 그 생각이 새로워지고 그 삶이 풍성해지도록 돕고 있습니다.

The Malsseum & Mannam Publishing House is helping Christians and men in the world to
meet with God's Word so that they may have their spirits renewed and an the abundant life.

왜 신앙이 필요한가?

김 이 봉   지음

1판 1쇄 / 2003. 5. 1
1판 2쇄 / 2005. 5. 7

발행처 / 말씀과만남
발행인 / 최 헌 근
꾸민이 / 정 희 숙, 이 신 애, 박 찬 숙, 명 희 선
등록번호 / 제20-444호
등록일자 / 1991. 6. 19

138-220 서울특별시 송파구 잠실동 339-3
Tel : (031) 594-6327, Fax : (031) 597-6328
전자우편 : mmpress@hanmail.net

ISBN 89-7508-016-1

정가 : 5,000원

잘못된 책은 바꾸어 드립니다.

왜 신앙이 필요한가?

- 새신자 및 세례반 교육 교재 -

김이봉 지음

말씀과만남

이 책은 처음 교회에 등록한 새신자들과 기독교 신앙에 관해 알려고 하시는 분들을 위한 안내서로서 쓰여진 것입니다.

본인이 목회 일선에서 필요했기에 『처음 교회에 나오시는 분들에게』라는 제목으로 새신자를 위한 훈련 교재를 썼던 바 전국 교회의 많은 호응을 얻어 지금까지 보급되고 있습니다.

금번에는 거기에다 좀더 가필하고 보충하여 『왜 신앙이 필요한가?』라는 제목을 붙여 새신자들의 교육용 교재를 꾸미게 되었습니다.

총 12과로 이 과정을 마치면 따로 문답공부 없이 교회 앞에 서약하고 세례교인이 될 수 있도록 하였습니다(개 교회 당회에서 정책으로 실시한다면). 그래서 부록에 세례 문답서도 첨부하였습니다.

이 책은 본 교회 선교부에서 교회 자체용으로 꾸몄으나 개 교회 형편대로 사용하면 도움이 되리라 믿습니다. 단 본인이 소속된 예장(통합) 최신 헌법 개정판을 적용하였습니다.

아무쪼록 많은 교회에서 유용하게 사용되기를 바라며 출판에 수고한 말씀과만남사에 감사를 드립니다.

상도교회 담임 목사 김이봉

차 례

제1과 사람의 근본 문제는 무엇입니까? ················· 7

제2과 하나님은 어떤 분이실까요? ····················· 13

제3과 예수 그리스도는 어떤 분이실까요? ············· 19

제4과 성령님은 어떤 분이실까요? ····················· 23

제5과 성경은 어떤 책일까요? ·························· 27

제6과 구원의 확신 ·································· 37

제7과 교회란 무엇일까요? ···························· 45

제8과 교파와 이단과 사이비 종파 ····················· 61

제9과 그리스도인의 시험과 내적 싸움 ················· 69

제10과 그리스도인의 성장의 생활 ····················· 75

제11과 그리스도인의 가정생활 및

    사회생활과 봉사생활 ························· 83

제12과 기독교인이 알아 두어야 할 상식 ··············· 89

부록1 성구 암송 ·································· 103

부록2 세례 문답서 ································ 109

왜 신앙이 필요한가?

사람의 근본 문제는 무엇입니까?

어떤 사람은 사람에게 제일 중요한 것이 빵 문제라고 생각합니다. 그러나 예전에 공산국가에서는 빵 문제를 해결해 준다는 약속으로 전 국민을 노예와 기계로 삼았던 적이 있었습니다. 많은 사람들은 의 · 식 · 주가 큰 문제라고 생각합니다. 그러나 민주주의 국가 체제로 자유를 누리면서 이런 경제적인 문제를 해결한 선진국의 사람들은 참된 만족을 누리지 못하고 있습니다.

만일 사람이 육신만이라면 생의 기본적인 욕구인 생리적인 욕구, 사회적인 욕구, 성적인 욕구가 충족될 때 만족할 것입니다. 그러나 사람은 영적인 존재인지라 영적인 만족이 없으면 언제든지 공허감을 느끼게 됩니다.

이와 같이 모든 사람에게는 궁극적으로 충족되어야 할 근본적인 욕구와 관심이 있습니다.

7

어떤 사람은 사람에게 제일 중요한 것이 빵 문제라고 생각합니다. 그러나 예전에 공산국가에서는 빵 문제를 해결해 준다는 약속으로 전 국민을 노예와 기계로 삼았던 적이 있었습니다. 많은 사람들은 의·식·주가 큰 문제라고 생각합니다. 그러나 민주주의 국가 체제로 자유를 누리면서 이런 경제적인 문제를 해결한 선진국의 사람들은 참된 만족을 누리지 못하고 있습니다.

만일 사람이 육신만이라면 생의 기본적인 욕구인 생리적인 욕구, 사회적인 욕구, 성적인 욕구가 충족될 때 만족할 것입니다. 그러나 사람은 영적인 존재인지라 영적인 만족이 없으면 언제든지 공허감을 느끼게 됩니다.

이와 같이 모든 사람에게는 궁극적으로 충족되어야 할 근본적인 욕구와 관심이 있습니다.

1. 사람은 영적인 존재입니다.

사람이 금수와 다른 점은 종교적 동물이라는 점입니다. 누구에게나 종교성이 있어 무엇을 숭배하고 동경하게 됩니다. 이와 같은 종교성이 있는 것은 하나님께서 자기의 영광을 위해 인간을 창조하셨기 때문입니다.

인간은 하나님의 형상대로 지음을 받았으며(창세기 1장 26-28절) 영적인 존재요(창세기 2장 7절) 다른 동물과 달리 하나님과 교제하도록 만드셨습니다(고린도전서 1장 9절). 그리고 하나님의 명령대로 살면 영생하도록 창조하였습니다(창세기 2장 17절).

"하나님이 모든 것을 지으시되 때를 따라 아름답게 하셨고 또 사람에게 영원을 사모하는 마음을 주셨느니라." (전도서 3장 11절)

사람은 누구나 보람 있는 삶을 원하고 행복을 추구합니다. 이 보람과 행복을 추구하는 사람들은 건강, 지식, 돈, 명예, 권력, 덕망 등으로 욕망을 채우려 하지만 끝없는 욕망은 '그 이상의 것'을 요구하게 합니다. 그러나 인생을 웬만큼 산 사람들은 이 세상의 행복은 영원하지 못하다는 것을 압니다. 그래서 사람들은 인생이 무엇인가, 인생은 어디로부터 왔다가 어디로 가는가를 반문하게 됩니다. 결국 사람들의 근본적인 욕구는 더 깊은 곳에 있음을 알게 됩니다. 사람은 영적인 존재이기 때문에 영혼의 구원을 필요로 하게 됩니다.

"사람이 떡으로만 살 것이 아니요 하나님의 입으로 나오는 모든 말씀으로 살 것이라." (마태복음 4장 4절)

2. 사람은 죄인입니다.

죄란 하나님의 말씀을 불순종하는 것입니다. 죄란 하나님을 섬기지 않고 예수 그리스도를 믿지 않는 것입니다.

인류의 시조는 하나님의 명령을 어기고 먹지 말라고 금하신 실과를 자기 욕심대로 먹어 죄인이 되었고, 영생 대신 죽게 되었습니다 (창세기 2장 16-17절; 로마서 1장 21절, 5장 12절, 14장 23절; 야고보서 4장 17절; 요한일서 3장 4절, 5장 17절). 이것을 '인간의 타락'이라고 합니다. 즉 인간은 하나님과 분리가 되었습니다.

"모든 사람이 죄를 범하였으매 하나님의 영광에 이르지 못하더니" (로마서 3장 23절)

성경에서는 사람은 모두 죄인임을 선포합니다. 죄인이 아닌 사람은 이 세상에 한 사람도 없습니다 (요한일서 1장 8절).

"의인은 없나니 하나도 없으며" (로마서 3장 10절)

창세기 2장 17절과 로마서 6장 23절에는 "죄의 값은 죽음"임을 선언하고 있습니다. 죄로 인해서 우리에게 주어진 한 가지 분명한 운명은 죽음입니다.

이 세상에 태어나는 것은 순서가 있지만 죽는 것은 순서가 없습니다. 죽음은 인간 최대의 절망입니다. 이 죽음의 문제를 해결하고자 많은 사람들이 노력해 왔습니다.

죄로 인해서 죽을 수밖에 없는 인간에게는 하나님의 구원이 필요했습니다. 하나님은 사람으로 하여금 하나님과 인격적인 관계 맺기를 원하셨습니다(요한일서 1장 3절).

모든 사람이 죄의 문제를 해결하고 거룩하신 하나님께로 돌아와야 하나님과 영적인 교제를 할 수 있고, 이 영적인 교제를 통하여 참된 행복과 만족을 얻을 수 있습니다.

하나님을 반역하고 하나님 없이 자기 마음대로 살아가려는 자가 하나님께로 돌아오는 것이 회개이며 예수를 믿지 않는 자가 예수를 믿는 것이 회개입니다.

죄에 빠진 인간은 돈, 선행, 철학, 과학, 다른 종교로는 거룩하신 하나님께로 돌아올 수 없습니다. 하나님은 인간 스스로가 죄의 문제를 해결할 수 없음을 아시고 죄로 사형 선고를 받은 온 인류를 위해 하나밖에 없는 아들을 이 세상에 보내 주셨습니다.

죄 없으신 예수님이 죄인을 대신하여 십자가에 죽으심으로 하나님께 죄의 값을 지불하셨고 하나님의 의를 충족시켰습니다. 십자가는 하나님의 사랑과 공의가 실현된 것입니다. 그러므로 예수님만이 죄에 빠진 인간을 구원하실 수 있습니다. 예수님은 하나님과 인간 사이의 중보자이십니다. 그를 믿으면 죄 사함을 얻고 영생을 얻습니다.

"하나님이 세상을 이처럼 사랑하사 독생자를 주셨으니 이는 저를 믿는 자마다 멸망치 않고 영생을 얻게 하려 하심이니라." (요한복음 3장 16절)

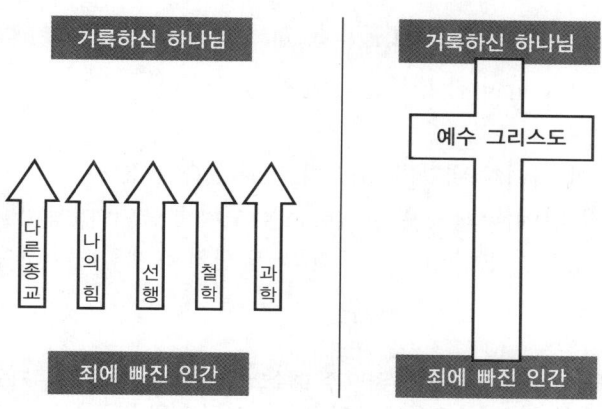

3. 사람에게는 내세가 있습니다.

사람은 근본적으로 죄인이기 때문에 스스로를 바르게 만들 수 없음을 배웠습니다. 그리고 죄의 결과로 죽음의 절망에 빠지는 것도 배웠습니다.

"한 번 죽는 것은 사람에게 정하신 것이요 그 후에는 심판이 있으리니" (히브리서 9장 27절)

사람은 누구든지 반드시 죽게 됩니다.
문제는 여기서 그치지 않고 죽음 후에 내세가 있다는 사실입니다 (누가복음 16장 19-31절). 이 땅에서의 삶이 잠깐 동안이라면 죽음

후의 삶은 영원한 것이며 죽음 후의 삶은 심판의 결과에 따라 영생과 영벌의 두 길로 나누어집니다(요한복음 3장 16절). 즉 영원한 복락을 누리는 천국과 영원한 형벌을 받는 지옥으로 나누어집니다.

따라서 이 땅에서의 삶의 참된 의미는 어떻게 죽음의 문제를 해결하며 죽음 후의 삶을 위하여 어떻게 준비할 것인가입니다. 그러므로 이 세상에서 죽음에 대한 문제를 해결 받고 내세에 대한 보장을 받은 사람만이 참 행복을 누릴 수 있습니다.

"어떻게 하여야 내가 구원을 받을 수 있습니까?"

죽음을 앞에 놓고 구원을 청하는 간수의 물음이야말로 인간의 근본적인 종교적 물음인 동시에 나와 당신의 문제입니다(사도행전 16장 30절).

"하나님을 모르는 자들과 우리 주 예수의 복음을 순종치 않는 자들에게 형벌을 주시리니 이런 자들이 주의 얼굴과 그의 힘의 영광을 떠나 영원히 멸망의 형벌을 받으리로다." (데살로니가후서 1장 8, 9절)

왜 신앙이 필요한가?

하나님은 어떤 분이실까요?

성경은 하나님이 존재하신다는 긍정적인 사실에서부터 시작되며 하나님이 계신 증거는 모든 피조물이 증거합니다(시편 19편 1절; 로마서 1장 20절).
사람의 양심이 증거합니다(베드로전서 3장 21절).
성경이 증거합니다(창세기 1장 1절; 출애굽기 3장 14절; 요한복음 3장 16절).
예수님께서 증거하셨습니다(요한복음 8장 42절, 14장 9절; 누가복음 23장 46절).

"어리석은 자는 그 마음에 이르기를 하나님이 없다 하도다." (시편 14편 1절)

"악인은 … 그 모든 사상에 하나님이 없다." (시편 10편 4절)

성경은 하나님이 존재하신다는 긍정적인 사실에서부터 시작되며 하나님이 계신 증거는 모든 피조물이 증거합니다(시편 19편 1절; 로마서 1장 20절).
사람의 양심이 증거합니다(베드로전서 3장 21절).
성경이 증거합니다(창세기 1장 1절; 출애굽기 3장 14절; 요한복음 3장 16절).
예수님께서 증거하셨습니다(요한복음 8장 42절, 14장 9절; 누가복음 23장 46절).

1. 하나님은 어떤 분이실까요?

첫 번째, 창조주이십니다.
태초에 하나님이 천지를 창조하셨다고 선언하셨습니다(창세기 1장 1절). 그래서 바울은 만물이 하나님에게서 나왔다고 했습니다(로마서 11장 26절). 하나님께서는 자기의 형상을 따라 사람을 만드셨다고 선언하셨습니다(창세기 1장 26, 27절).
두 번째, 영원히 살아 계신 분입니다(출애굽기 3장 13, 14절; 이사야 57장 15절; 시편 90편 2절).
세 번째, 유일하신 분입니다(디모데전서 2장 5절).
모든 인류에게는 오직 한 아버지 하나님만이 존재하십니다(말라기 2장 15절). 결코 그 외의 다른 신이 영존하지 않습니다(신명기 4장 35절).
네 번째, 무한하신 분입니다.

공간적 개념을 초월한 신임을 의미합니다. 하나님은 세계 안과 밖에 충만하십니다(시편 145편 3절; 열왕기상 8장 27절).

다섯 번째, 불변하신 분입니다(야고보서 1장 17절).

그 뜻하신 목적에 변함이 없으시며 인자하심과(시편 103편 7절) 공의(창세기 18장 25절), 복 주심에 있어서 변함이 없으십니다(히브리서 6장 13, 14절).

여섯 번째, 어디든지 계신 분입니다(시편 139편 7-12절).

일곱 번째, 전지 전능하신 분입니다(시편 147편 5절; 창세기 18장 14절; 마태복음 19장 26절).

모르는 것이 없으며 불가능이 없으신 분입니다.

여덟 번째, 영이십니다.

"하나님은 영이시니 예배하는 자가 신령과 진정으로 예배할지니라." (요한복음 4장 24절)

하나님은 영이시므로 볼 수 있거나 만질 수 있는 분이 아닙니다. 많은 사람들이 하나님을 보려고 했지만 하나님을 본 사람은 없습니다(요한일서 4장 12절).

오직 예수님만이 하나님을 보여 주셨습니다(요한복음 1장 18절).

아홉 번째, 인격을 가지신 분입니다.

우리의 처한 형편을 아시며(지식, 마태복음 6장 32절), 우리의 선행과 봉사에 대하여 기뻐하시며(감정, 히브리서 13장 16절), 하나님의 자녀들을 마지막 날에 살리실 뜻을 가지신 분입니다(의지, 요한복음 6장 40절).

그러므로 우리의 예배의 대상이 되시기에 충분하신 분이시며, 인격적으로 만날 수 있습니다.

열 번째, 완전하신 분입니다.

하나님은 거룩하시며(베드로전서 1장 16절; 이사야 6장 3절), 의로우시며(로마서 3장 26절) 또한 사랑이십니다(요한일서 4장 8-16절; 요한복음 3장 16절). 하나님은 공의와 사랑을 한 몸에 가지시고 조화를 이루시는 분입니다.

하나님의 사랑은 회개하는 죄인에게 한없는 긍휼과 용서를 베푸시는 분으로 나타나지만, 하나님의 거룩과 공의는 죄를 미워하며 엄격히 심판하십니다.

하나님께서는 자신의 아들이신 예수 그리스도가 죄인의 몸으로 갈보리 산상의 십자가에 달리실 때도 그를 외면하셨습니다. 하나님의 거룩하심은 피에 대한 형벌을 요구하십니다.

"육체의 생명은 피에 있음이라 내가 이 피를 너희에게 주어 단에 뿌려 너희의 생명을 위하여 속하게 하였나니 생명이 피에 있으므로 피가 죄를 속하느니라." (레위기 17장 11절)

"율법을 좇아 거의 모든 물건이 피로써 정결케 되나니 피 흘림이 없은즉 사함이 없느니라." (히브리서 9장 22절)

그래서 하나님은 범죄한 인간의 죄에 대하여 짐승을 대신 죽여 피를 흘림으로 속죄하는 제사법을 이스라엘 백성들에게 주신 것입니다. 그러나 결코 짐승의 피가 인간의 마음 속에 있는 악을 제할 수는 없습니다(히브리서 10장 3, 4절).

그러므로 하나님은 죄 없으신 예수 그리스도를 십자가상에서 죽게 하셨습니다. 마침내 예수님은 하나님의 공의로우심을 성취시키셨고 거룩하심을 만족시켜 드린 것입니다(이사야 53장 5, 6절).

"우리가 아직 죄인 되었을 때에 그리스도께서 우리를 위하여 죽으심으로 하나님께서 우리에게 대한 자기의 사랑을 확증하셨느니라." (로마서 5장 8절)

2. 하나님은 무엇을 원하실까요?

첫 번째, 모든 사람의 구원을 원하십니다.

"하나님이 그 아들을 세상에 보내신 것은 세상을 심판하려 하심이 아니요 저로 말미암아 세상이 구원을 받게 하려 하심이라." (요한복음 3장 17절)

하나님의 품을 떠난 모든 사람이 하나님께로 다시 돌아오기를 애타게 기다리고 계십니다. 죄인으로서가 아니라 하나님의 아들로서 살아가도록 모든 사람이 구원 받기를 원하십니다(누가복음 15장 11-32절).

두 번째, 아들을 믿기 원하십니다.

하나님의 아들 예수를 믿는 것은 하나님께로 돌아갈 수 있는 유일한 길입니다.

"다른 이로서는 구원을 얻을 수 없나니 천하 인간에 구원을 얻을 만한 다른 이름을 우리에게 주신 일이 없음이니라." (사도행전 4장 12절)

"주 예수를 믿으라 그리하면 너와 네 집이 구원을 얻으리라." (사도행전 16장 31절)

세 번째, 영광 받으시기를 원하십니다.

하나님께서 사람을 지으실 때에 하나님의 형상을 따라 지으셨습니다. 그것은 사람이 하나님과 대화를 하고, 교제를 나누며, 하나님의 일을 맡아 하며 하나님께 영광을 돌리는 존재로 지으셨다는 뜻입니다(창세기 1장 26-28절).

"그런즉 너희가 먹든지 마시든지 무엇을 하든지 다 하나님의 영광을 위하여 하라." (고린도전서 10장 31절)

"헤롯이 영광을 하나님께로 돌리지 아니하는 고로 주의 사자가 곧 치니 충이 먹어 죽으니라." (사도행전 12장 23절)

"이 백성은 내가 나를 위하여 지었나니 나의 찬송을 부르게 하려 함이니라." (이사야 43장 21절)

하나님은 나를 사랑하셨습니다. 죄 중에 빠진 나를 찾아오셨습니다. 나의 지난날의 허물을 용서하여 주시고 구원해 주셨습니다.

예수 그리스도는 어떤 분이실까요?

하나님의 아들로서 아버지의 일을 대신하고자 이 땅에 오신 분입니다. 보이지 않는 하나님께서 구체적으로 자신을 보이셨는데 그분이 예수님이십니다. 그러므로 예수님은 단순한 사람이 아니요 신성을 가지신 참 하나님이십니다.

1. 예수님은 누구실까요?

예수님은 신성과 인성을 겸하신 참 신이시며, 참 인간이십니다.

"주는 그리스도시요 살아 계신 하나님의 아들이시니이다." (마태복음 16장 16절)

(1) 예수님은 참된 하나님이십니다(神性).

하나님의 아들로서 아버지의 일을 대신하고자 이 땅에 오신 분입니다. 보이지 않는 하나님께서 구체적으로 자신을 보이셨는데 그분이 예수님이십니다. 그러므로 예수님은 단순한 사람이 아니요 신성을 가지신 참 하나님이십니다.

"그는 보이지 아니하시는 하나님의 형상이요" (골로새서 1장 15절)

그러므로 단순히 예수를 도덕적인 교사나 위대한 종교가로 알고 그 신성을 부인하는 자는 잘못을 범하고 있는 것입니다.

(2) 예수님은 참된 인간이십니다(人性).

울기도 하셨고(요한복음 11장 35절), 피곤해 하시기도 하셨고(누가복음 22장 44절), 배고파하기도 하셨고, 고통도 당하셨습니다. 즉 인간의 모든 삶을 경험하셨습니다. 그러나 우리 인간과 구별되는 점은 인간에게는 원죄와 자범죄가 있는데 그는 성령으로 잉태되신 분으로 죄가 전혀 없다는 것입니다(누가복음 1장 35절).

(3) 예수님은 우리의 구주이십니다.

"하나님은 한 분이시요 또 하나님과 사람 사이에 중보도 한 분이시니 곧 사람이신 그리스도 예수라."(디모데전서 2장 5절)

예수님은 죄가 없는 분으로 죄인 된 인간을 구원하시기 위해 모든 사람의 죄를 대신 짊어지시고 십자가에서 자신의 몸을 드려 친히 죽으셨습니다. 그러므로 예수님은 인류의 유일한 구주가 되시며 나의 구주이십니다(히브리서 9장 28절).

2. 예수님께서 하신 일은 무엇일까요?

(1) 진리를 가르쳐 주셨습니다.

그의 교훈을 통하여 하나님이 어떠하신 분인 것과 하나님의 경륜이 어떠하며 인생이 하나님께 대하여 의무가 있다는 진리를 가르쳐 주셨습니다.

(2) 하나님의 성품을 계시하여 주셨습니다.

그의 성품과 실제생활을 통해서 하나님의 성품과 하나님이 어떠하신 분이라는 것을 우리에게 친히 보여 주셨습니다. 나를 본 자는 아버지를 보았다고 하신 것은 그의 성품을 통하여 하나님의 성품을 계시하신 것입니다.

(3) 하나님 나라를 전파하셨습니다(마가복음 1장 15절).

(4) 십자가에 죽으셨습니다.

하나님의 사랑은 예수를 십자가에 내어 주셨습니다(로마서 5장 8절). 영원한 형벌로 죄인을 대신하여 죽으심으로 하나님의 공의를 완전히 이루었습니다. 하나님은 네가 과거에 무슨 죄를 지었느냐고 묻지 않으십니다. "네 죄를 대속한 예수를 믿느냐? 안 믿느냐?" 라고 물으십니다.

(5) 부활하셨습니다.

3일만에 무덤에서 부활하셨습니다(고린도전서 15장 5절; 요한복음 20장 16절).

(6) 승천하셨습니다.

부활하신 후 40일만에 감람산에서 승천하셨으며 많은 제자들이 목격하는 가운데 세상 끝 날에 다시 재림하실 것을 약속해 주셨습니다(사도행전 1장 9–11절).

왜 신앙이 필요한가?

성령님은 어떤 분이실까요?

하나님은 우리 눈에 보이지 않고 예수님도 이 땅에 계시지 않기 때문에 때로는 의심나는 일과 장애 되는 일들이 생기고 어려움과 방해를 당하기도 합니다. 그러나 우리는 염려할 필요가 없습니다. 그것은 성령께서 우리를 도와 주시기 때문입니다.

하나님은 우리 눈에 보이지 않고 예수님도 이 땅에 계시지 않기 때문에 때로는 의심나는 일과 장애 되는 일들이 생기고 어려움과 방해를 당하기도 합니다. 그러나 우리는 염려할 필요가 없습니다. 그것은 성령께서 우리를 도와 주시기 때문입니다.

1. 성령님은 하나님의 영입니다(역대하 15장 1절; 고린도전서 6장 11절).

성령님은 영이시기 때문에 보이지는 않지만 그 하시는 일은 눈에 보이는 결과로 나타납니다. 성령님은 지금도 이 땅에서 계속 거하시는 예수님의 또 다른 모습이며 하나님의 영이십니다.

> "그가 또 다른 보혜사를 너희에게 주사 영원토록 너희와 함께 있게 하시리니" (요한복음 14장 16절)

성령님은 구원 받은 모든 사람의 마음 속에 내주(內住)하시는 영이십니다. 회개하여 예수 그리스도의 이름으로 세례를 받고 죄 사함을 얻은 자는 성령을 선물로 받게 됩니다(사도행전 2장 38절).

2. 성령님은 인격을 가지신 분입니다.

어떤 이는 성령님을 막연한 영적 영향력이나 비인격적인 힘인 것처럼 생각하고 있으나 성령님은 인격을 가지시고 하나님과 예수 그리스도와 동등한 분으로서 우리 속에 거하시며, 인격적인 교제를 나눌 수 있고 또 의지할 수 있는 분입니다.

3. 성령님이 하시는 일은 무엇일까요?

첫 번째, 성령님은 하나님과 함께 창조의 역사도 하셨고(창세기 1
장 2절; 욥기 33장 4절), 예수님과 함께 구속 사업에도 동참하셨습니
다(누가복음 22장 43절). 그러나 두드러진 역사는 구원을 사람에게
적용시키는 것입니다.

두 번째, 믿을 수 있도록 사람의 마음을 감화시키시고 깨닫게 해
주십니다(요한복음 16장 8-11절).

세 번째, 가르쳐 주십니다(요한복음 14장 26절).

네 번째, 인도해 주십니다(요한복음 16장 13절).

다섯 번째, 평안을 주십니다(요한복음 14장 27절).

여섯 번째, 위로하십니다(요한복음 14장 16절).

일곱 번째, 도와 주십니다(로마서 8장 26절).

여덟 번째, 예수를 증거하십니다(요한복음 15장 26절).

아홉 번째, 예수를 주로 고백하게 하십니다(고린도전서 12장 3절).

4. 성령 충만을 받기 위한 조건은 무엇일까요?

첫 번째, 회개해야 합니다(사도행전 2장 38절; 고린도전서 11장 28
절).

두 번째, 죄를 고백해야 합니다(요한일서 1장 9절).

세 번째, 전적으로 헌신하기를 열망해야 합니다(로마서 12장 1, 2
절).

네 번째, 성령을 슬프게 하는 일을 피해야 합니다(에베소서 4장 30
절).

다섯 번째, 성령을 소멸하는 것을 피해야 합니다(데살로니가전서
5장 19절).

여섯 번째, 성령 충만함을 열망하고 구해야 합니다(사도행전 1장 4절).

5. 성령 충만을 받은 결과는 무엇일까요?

첫 번째, 기쁜 맘으로 하나님을 섬기고 예배하게 됩니다(에베소서 5장 19절; 요한복음 4장 24절).

두 번째, 어느 조건에서나 감사하게 됩니다(에베소서 5장 20절; 골로새서 3장 17절; 데살로니가전서 5장 18절).

세 번째, 순종하는 사람이 됩니다(사도행전 4장 19절).

네 번째, 봉사나 증거를 할 때 능력이 생깁니다(사도행전 1장 8절).

다섯 번째, 박해나 고통, 희생과 같은 위기 상태에 대비해서 무장하게 됩니다(사도행전 6장 3-5절).

여섯 번째, 사탄의 대적에 이길 수 있습니다(사도행전 13장 9-12절).

일곱 번째, 그리스도를 닮게 됩니다(요한복음 15장 26절).

여덟 번째, 성령의 열매를 맺게 됩니다(갈라디아서 5장 22절).

왜 신앙이 필요한가?

성경은 어떤 책일까요?

이 세상의 수많은 책들 가운데서 가장 오랜 세월
동안 많은 사람들에게 사랑을 받으며 가장 많이
읽혀지고 가장 많이 만들어진 책이 바로 성경책입
니다. 성서가 번역된 말과 방언만 해도 1,545권
이상이라고 하니 세계 최고의 책임에는 틀림이 없
습니다.

성경을 성서(聖書)라고도 하는데 이 책은 다른 책
과 구별된다는 뜻입니다. '성서'란 보통 책과는
그 목적이나 방법에 있어서 특이함을 나타내 주는
의미가 있습니다.

이 세상의 수많은 책들 가운데서 가장 오랜 세월 동안 많은 사람들에게 사랑을 받으며 가장 많이 읽혀지고 가장 많이 만들어진 책이 바로 성경책입니다. 성서가 번역된 말과 방언만 해도 1,545권 이상이라고 하니 세계 최고의 책임에는 틀림이 없습니다.

성경을 성서(聖書)라고도 하는데 이 책은 다른 책과 구별된다는 뜻입니다. '성서'란 보통 책과는 그 목적이나 방법에 있어서 특이함을 나타내 주는 의미가 있습니다.

1. 하나님의 말씀입니다.

성경이 하나님의 말씀인 증거는 '외증'과 '내증'으로 살펴볼 수 있습니다.

(1) 외증

1) 성경이 통일되어 있고 내용이 충돌된 것이 없습니다.

사실 성경은 인류 역사 안에서 인간들이 쓰는 언어나 문자에 의하여 쓰여졌음에는 틀림이 없습니다. 뿐만 아니라 그 기록한 모양도 각각입니다. 또 시대와 장소도 각각 다르며 쓴 사람의 직업, 환경, 지식 수준 등도 각각 다릅니다. 그런데 이와 같은 인간들의 작품이 어떻게 하나님의 말씀이 될 수 있느냐 하는 것이 문제입니다.

성경이 여러 사람의 손에 의하여 서로 다른 장소와 배경을 가졌음에도 불구하고 서로 반대되는 주장을 하거나 서로 공박하는 것이 하나도 없이 오히려 서로 보충해 주거나 설명해 주며 한 가지의 같은 주장을 하고 있다는 사실입니다. 이같은 사실은 서로 통일된 목적을 위하여 쓰도록 배후에서 조정하시는 그 누군가가 계시다는 사실입니다.

그러므로 성경은 비록 인간의 손을 거쳐 쓰여졌지만 그것을 쓰게 하신 분은 하나님이시며 거기에 나타나 있는 내용은 곧 '하나님의 말씀'인 것입니다.

"모든 성경은 하나님의 감동으로 된 것으로" (디모데후서 3장 16절)

"성령의 감동하심을 입은 사람들이 하나님께 받아 말한 것임이니라." (베드로후서 1장 21절)

다시 말해서 '하나님의 감동'을 받은 사람들에 의하여 기록된 것입니다. 하나님의 성령이 사람들의 배후에서 쓰도록 하셨기 때문에 하나님께서 나타내시고자 하시는 뜻을 완전히 나타내셨습니다. 그러므로 성경은 조금도 모자라거나 부족하거나 잘못 기록된 것이 전혀 없는 완전한 말씀이란 것입니다.

"너희는 여호와의 책을 자세히 읽어보라 이것들이 하나도 빠진 것이 없고 하나도 그 짝이 없는 것이 없으리니 이는 여호와의 입이 이를 명하셨고 그의 신이 이것들을 모으셨음이라." (이사야 34장 16절)

이 말씀은 성경이 쓰여진 처음 단계에서부터 하나님의 간섭과 지도를 받았음을 말씀해 줍니다. 오늘날까지 많은 무신론자들, 지식주의자들, 학자들, 믿지 않는 자들이 성경도 다른 책과 다를 바가 없다고 주장하며 인간의 책으로 만들려고 노력했고 갖은 박해로 멸절시키려고 했지만 세월이 가면 갈수록 수억의 사람들에게 사랑을 받으며 읽혀지고 있고, 하나님을 믿게 하는 위대한 역사를 일으키고 있습니다. 여기에 성경의 신적 권위가 있는 것입니다.

"성경은 폐하지 못하나니 하나님의 말씀을 받은 사람들을 신이라 하셨거든"

(요한복음 10장 35절)

그러므로 성경은 폐할 수 없습니다.

2) 예언이 모두 성취되고 있습니다.

3) 많은 성도들이 믿고서 진리임을 고백하고 있습니다.

(2) 내증

첫 번째, 성경 자체가 영감으로 기록된 것이라고 증거합니다(출애굽기 17장 14절; 시편 8편 1절; 에스겔 24장 1절; 히브리서 2장 2절).
두 번째, 성경 기자들이 영감으로 기록된 것을 말하고 있습니다(이사야 34장 16절; 디모데후서 3장 16절).
세 번째, 예수께서 친히 성경은 하나님의 말씀이라고 증거하셨습니다(요한복음 5장 39절, 10장 35절).

2. 예수님을 증거하는 책입니다.

"이 성경이 곧 내게 대하여 증거하는 것이로다." (요한복음 5장 39절)

성경은 다양하고 방대하면서도 그 내용의 중심은 오직 예수 그리스도만을 증거하고 있습니다. 구약은 인류를 구원하시기 위하여 메시아(예수)가 오실 것을 예언하였고, 신약은 그 예언이 성취되어 모든 사람을 구원하실 메시아가 이미 오신 것을 증거하는 내용입니다.
그래서 역사의 중심은 예수 그리스도입니다. 그가 오시기 전을 기원전(B.C)이라 하고 그가 오신 후를 기원후(A.D)라고 하여 역사의 연대를 구분하고 있습니다.

3. 신앙의 표준이 되는 책입니다.

"주의 말씀은 내 발에 등이요 내 길에 빛이니이다." (시편 119편 105절)

성경에는 하나님의 뜻이 완전하게 나타나 있기 때문에 믿는 사람에게 진리의 내용과 신앙생활을 어떻게 할 것인가에 대한 교훈을 주는 교과서와 같으며 신앙인이 나아갈 방향을 제시해 주는 나침반과 같습니다. 또한 올바른 신앙의 길과 잘못된 신앙의 길을 밝혀주는 '거울'과 '자'의 역할도 합니다. 그리고 영혼의 양식으로서 믿음을 날마다 성장시켜주고 시험을 당할 때에는 검과 같아서 그 말씀으로 이기게 하십니다.

4. 성경이 기록된 목적은 무엇일까요?

첫 번째, 구원의 도리를 알게 합니다(요한복음 20장 31절; 마태복음 9장 13절).
예수님이 하나님의 아들 되심을 믿게 하려함이요 그 결과 영원한 생명을 얻게 하려는 것입니다.
두 번째, 그리스도인의 생활 원리를 알게 합니다(디모데후서 3장 16절).

5. 성경의 구분과 연대와 저자

(1) 구분

1) 구약

① **율법서(5권)** - 창세기, 출애굽기, 레위기, 민수기, 신명기
② **역사서(12권)** - 여호수아, 사사기, 룻기, 사무엘상·하, 열왕기
　　　　　　　　　 상·하, 역대기상·하, 에스라, 느헤미야, 에스
　　　　　　　　　 더
③ **시가서(5권)** - 욥기, 시편, 잠언, 전도서, 아가서
④ **예언서(17권)** - 이사야, 예레미야, 예레미야애가, 에스겔, 다니
　　　　　　　　　 엘, 호세아, 요엘, 아모스, 오바댜, 요나, 미가,
　　　　　　　　　 나훔, 하박국, 스바냐, 학개, 스가랴, 말라기

2) 신약

① **복음서(4권)** - 마태복음, 마가복음, 누가복음, 요한복음
② **역사서(1권)** - 사도행전
③ **서신서(21권)**
• 교리서신 - 로마서, 고린도전·후서, 갈라디아서
• 옥중서신 - 에베소서, 빌립보서, 골로새서, 빌레몬서
• 목회서신 - 데살로니가전·후서, 디모데전·후서, 디도서
• 공동서신 - 히브리서, 야고보서, 베드로전·후서, 요한일서, 요
　　　　　　 한이서, 요한삼서, 유다서
④ **예언서(1권)** - 요한계시록

(2) 연대

주전 1500년에서 주후 100년까지 약 1600년간.

(3) 저자

성경의 구약 39권은 28명, 신약 27권은 8명으로 신구약 합해서 66권이고 저자는 36명입니다.

6. 성경에 대한 우리의 태도는 어떠해야 될까요?

듣고, 읽고, 배우고, 믿으며, 지키며, 전해야 합니다.

첫 번째, 순종할 마음으로 읽고 배워야 합니다(고린도전서 4장 20절).

두 번째, 성령께서 깨닫게 해 주심을 바라면서 읽어야 합니다(시편 119편 18절).

세 번째, 날마다 읽고 배워야 합니다(시편 17편 19절).

네 번째, 간절한 마음으로 읽어야 합니다(사도행전 17장 11, 12절; 잠언 2장 4절).

다섯 번째, 믿어야 합니다(데살로니가전서 2장 13절).

여섯 번째, 남에게 가르치고 증거해야 합니다(로마서 10장 14, 17절; 사도행전 1장 8절).

일곱 번째, 지켜야 합니다(요한계시록 1장 3절).

여덟 번째, 묵상해야 합니다(시편 1편 2, 3절).

아홉 번째, 말씀을 암송해야 합니다(시편 119편 9-11절).

열 번째, 말씀을 들어야 합니다(로마서 10장 17절).

한눈으로 볼 수 있는 성경(66권)

"신약은 구약에 감추어져 있고, 구약은 신약에 나타나져 있다."

구 약(39권)		
역사서(17권) • **율법**(창세기, 출애굽기, 레위기, 민수기, 신명기) • **역사와 정치**(여호수아, 사사기, 룻기, 사무엘상·하, 열왕기상·하, 역대기상·하, 에스라, 느헤미야, 에스더)	**시문서(5권)** (욥기, 시편, 잠언, 전도서, 아가)	**예언서(17권)** • **대예언서**(이사야, 예레미야, 예레미야애가, 에스겔, 다니엘) • **소예언서**(호세아, 요엘, 아모스, 오바댜, 요나, 미가, 나훔, 하박국, 스바냐, 학개, 스가랴, 말라기)
구약성경은 십자가상에서 그리스도의 희생을 바라보고 있다.	✝	신약성경은 십자가상에서 그리스도가 완성하신 사업에 기초를 두고 있다. 두 성서 사이에 약 400년의 공백기가 있다.
신 약(27권)		
역사서(5권) • **복음서**(마태복음, 마가복음, 누가복음, 요한복음) • **행전**(사도행전)	**교훈서(21권)** • **바울서신**(로마서, 고린도전·후서, 갈라디아서, 에베소서, 빌립보서, 골로새서, 데살로니가전·후서, 디모데전·후서, 디도서, 빌레몬서) • **일반서신**(히브리서, 야고보서, 베드로전·후서, 요한1·2·3서, 유다서	**예언서(1권)** (요한계시록)
하나님은 성경을 기록하는데 약 1500년간 약 40명의 사람들을 사용했다. (벧후 1:20, 21)		

신구약 성경 목록가

왜 신앙이 필요한가?

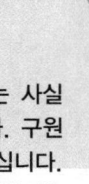

구원의 확신

내가 구원을 받았느냐, 받지 못했느냐 하는 사실
을 알고 산다는 것은 극히 중요한 일입니다. 구원
에 대한 사실은 궁극적으로 하나님만이 아십니다.
그러나 성경 말씀을 통해서 우리 속에 거하시는
성령님의 인도, 주님을 확실히 믿고 살 때 오는
생활의 변화를 통하여서도 알 수 있습니다.

내가 구원을 받았느냐, 받지 못했느냐 하는 사실을 알고 산다는 것은 극히 중요한 일입니다. 구원에 대한 사실은 궁극적으로 하나님만이 아십니다. 그러나 성경 말씀을 통해서 우리 속에 거하시는 성령님의 인도, 주님을 확실히 믿고 살 때 오는 생활의 변화를 통하여서도 알 수 있습니다.

1. 구원의 뜻

구원은 '건져낸다'는 뜻입니다.
인간들은 누구나 허물과 죄로 말미암아 저주를 받았고, 영혼이 죽어 있고, 육신도 장차 죽을 것입니다.
또한 하나님께 대하여 순종도 못하고 섬기지도 못하고 마귀에게 사로잡혀 종노릇을 하고 있습니다.
구원이란 이런 불행에서 건져내어 새 생명을 주어 자유롭게 살고 하나님을 섬기는 생활을 누리게 되는 하나님의 사랑과 은혜의 역사입니다(로마서 8장 2절).

2. 하나님의 구원 계획

하나님께서는 인간을 구원하시고자 미리 정하시고 그 계획에 따라 순서대로 진행하십니다. 선택 → 소명 → 중생 → 신앙 → 회개 → 칭의 → 양자 → 성화 → 견인 → 영화 등의 순서로 구원하십니다.

3. 구원 얻는 길

(1) 구원을 얻기 위해서는 우리의 마음을 하나님께로 돌이켜야 합니다.

신학적으로 이것을 회심(Conversion)이라고 하며 회심은 곧 회개와 믿음으로 구분될 수 있습니다.

하나님은 예수 그리스도를 통하여 완전한 구원을 이룩하여 놓으셨습니다. 사람은 하나님이 이룩해 놓은 것을 오직 믿기만 하면 됩니다(로마서 1장 17절).

회개는 구원에 있어서 가장 근본적인 요소입니다. 회개는 죄에 대하여 슬퍼하고 죄로부터 돌이켜서 지금까지 가던 방향을 바꾸는 것을 말합니다. 단순한 율법적인 행위를 고치는 정도가 아닌 하나님을 멀리 떠났던 인생이 하나님께로 돌아서는 행위를 말합니다.

죄를 회개하는 것은 하나님의 은혜로 되는 것입니다. 회개는 하나님께서 찾아주시고 역사하여 주셔야 되는 것입니다. 그러므로 인간은 하나님의 사랑에 대하여 기쁨으로 수락하여 받는 행위가 회개입니다.

회개의 결과는 하나님께 기쁨이 되며(누가복음 15장 7, 10절), 죄에 대한 용서와 깨끗함이 있고(요한일서 1장 9절), 유쾌하게 되는 날이 주님께로부터 오며(사도행전 2장 19절), 성령을 선물로 받게 됩니다(사도행전 2장 38절).

(2) 구원을 얻기 위해서는 믿음을 가져야 합니다.

죄를 용서 받을 길을 열어 주셨는데 그 길을 내가 거역하고 나를 대속하신 예수 그리스도의 십자가의 사랑을 무시하고 그를 믿지 않는 까닭으로 결국은 정죄를 받고 영원한 형벌을 받게 되는 것입니다. 그러므로 모든 죄 가운데 제일 큰 죄가 믿지 않는 죄입니다.

"저를 믿는 자는 심판을 받지 아니하는 것이요."(요한복음 3장 18절)

예수를 믿는 사람은 심판을 받지 않겠다고 했습니다. 이미 죄 사함을 받은 까닭입니다. 그러나 믿지 아니하는 사람은 이미 심판을 받아서 심판 아래 놓여 있습니다. 다만 예수를 믿을 때에만 그 심판 아래서 벗어날 수 있습니다.

"아들을 믿는 자는 영생이 있고 아들을 순종치 아니하는 자는 영생을 보지 못하고 도리어 하나님의 진노가 그 위에 머물러 있느니라."(요한복음 3장 36절)

죄를 짓고 안 짓는 것이 문제가 아닙니다. 예수를 믿고 안 믿는 것이 문제입니다. 기독교는 복음, 곧 좋은 뉴스인데 뉴스의 골자는 다음과 같습니다.

"하나님이 세상을 이처럼 사랑하사 독생자를 주셨으니 이는 저를 믿는 자마다 멸망치 않고 영생을 얻게 하려 하심이니라."(요한복음 3장 16절)

믿음의 대상은 오직 하나님과 그의 아들 예수 그리스도입니다. 믿음은 하나님의 선물입니다.

"너희가 그 은혜를 인하여 믿음으로 말미암아 구원을 얻었나니 이것이 너희에게서 난 것이 아니요 하나님의 선물이라."(에베소서 2장 8절)

(3) 구원은 중생(새로운 존재의 탄생)을 의미합니다.

"사람이 거듭나지 아니하면 ··· 하나님 나라에 들어갈 수 없느니라."(요한복

음 3장 3, 5절)

중생은 곧 성령으로 거듭나는 것을 의미합니다.

참된 마음으로, 겸손한 마음으로 예수 그리스도를 내 중심에 영접하면 이상한 변화가 일어나 온전히 새로운 사람으로 변화됩니다.

"그런즉 누구든지 그리스도 안에 있으면 새로운 피조물이라 이전 것은 지나갔으니 보라 새것이 되었도다." (고린도후서 5장 17절)

예수 그리스도로 말미암아 새 사람이 되는 이 체험을 '신생', '중생', '거듭난다'는 말로 표현합니다.

"내가 진실로 진실로 너희에게 이르노니 내 말을 듣고 또 나 보내신 이를 믿는 자는 영생을 얻었고 심판에 이르지 아니하나니 사망에서 생명으로 옮겼느니라." (요한복음 5장 24절)

믿는 자는 이미 현재에 영생을 소유했으며 사망에서 생명으로 이미 옮겨졌습니다.

"아들이 있는 자에게는 생명이 있고 하나님의 아들이 없는 자에게는 생명이 없느니라." (요한일서 5장 12절)

영생이란 영원한 생명을 의미합니다. 영생을 소유한 자는 영적으로 변합니다.

"내가 하나님의 아들의 이름을 믿는 너희에게 이것을 쓴 것은 너희로 하여금 너희에게 영생이 있음을 알게 하려 함이라." (요한일서 5장 13절)

중생한 사람은 내게 영생이 있는 것을 알 수 있습니다. 중생한 사람은 하나님의 아들과 딸이 됩니다.

4. 구원 얻은 자가 받는 특권

첫 번째, 죄 사함이 있습니다(에베소서 1장 7절; 요한일서 1장 7절).

두 번째, 하나님의 자녀가 됩니다(요한복음 1장 12절; 갈라디아서 3장 26절; 로마서 8장 15-17절).

세 번째, 영생이 있습니다(요한복음 11장 25, 26절, 3장 16절; 요한일서 5장 11-13절).

네 번째, 성령이 우리 속에 거하십니다(요한복음 14장 17절; 고린도전서 3장 16절).

5. 당신이 틀림없이 구원 받았다는 사실을 어떻게 알 수 있습니까?

(1) 성경의 증거를 통해서 알 수 있습니다. (요한일서 5장 13절)

(2) 성령의 증거를 통해서 알 수 있습니다. (로마서 8장 16절)

(3) 우리의 경험을 통해서 알 수 있습니다.

1) 하나님의 뜻에 순종하려는 것을 통해서 알 수 있습니다. (요한복음 14장 15절)

2) 죄를 미워하고 죄를 이겨 나가는 것을 통해서 알 수 있습니다. (요한일서 3장 9절)

3) 의의 생활을 하려는 것을 통하여 알 수 있습니다. (요한일서 2장 29절)

4) 형제를 사랑하려는 것을 통하여 알 수 있습니다. (요한일서 3장 14절)

교회란 무엇일까요?

교회라는 말은 헬라어인 '에클레시아'(ecclesia)
에서부터 온 낱말로 '하나님께로부터 부름을 받아
예수 그리스도를 구주로 믿는 사람들이 모여진 단
체'를 말합니다.

넓은 의미에서 교회는 하나라고 할 수 있으나 지
역에 따라 서로 나누어 모일 수 있으므로 그 지방
의 이름이나 또는 특별한 뜻을 따서 아무아무 교
회라고 이름을 붙일 수 있습니다.

모여서 예배하려면 일정한 장소와 건물이 필요하
게 되므로 그 건물을 '예배당'이라 하고, 또 거기
에서 영적으로 하나님을 만나고 기도하고 설교를
듣는 곳이므로 신성하게 구별하여 '성전'이라고도
합니다.

1. 교회의 정의

구약시대로 거슬러 올라가면 하나님과 아브라함 사이에 맺어진 계약관계 속에서 하나님의 백성인 회중을 가리키며(창세기 17장 19절) 또한 광야 교회인 '장막'이 교회의 전신이라고 할 수 있습니다.

이스라엘 백성이 안정된 뒤에 솔로몬 같은 사람은 하나님이 거하시는 아름다운 성전을 7년이나 걸려서 잘 지은 사실도 있습니다.

신약에 와서 교회의 개념은 더욱 심오해지며 넓은 뜻을 지니고 있습니다.

교회라는 말은 헬라어인 '에클레시아'(ecclesia)에서부터 온 낱말로 '하나님께로부터 부름을 받아 예수 그리스도를 구주로 믿는 사람들이 모여진 단체'를 말합니다.

넓은 의미에서 교회는 하나라고 할 수 있으나 지역에 따라 서로 나누어 모일 수 있으므로 그 지방의 이름이나 또는 특별한 뜻을 따서 아무아무 교회라고 이름을 붙일 수 있습니다.

모여서 예배하려면 일정한 장소와 건물이 필요하게 되므로 그 건물을 '예배당'이라 하고, 또 거기에서 영적으로 하나님을 만나고 기도하고 설교를 듣는 곳이므로 신성하게 구별하여 '성전'이라고도 합니다.

2. 교회의 시작

처음 교회를 이름하여 '초대 교회'라 합니다. 예수 그리스도께서는 십자가에 죽으셨다가 다시 살아난(부활) 후에 40일을 이 세상에 계시면서 자기를 따르던 제자들에게 특별한 약속 하나를 하셨습니다. 그 약속이란 내가 간 후(승천한 후)에 "예루살렘(이스라엘 나라의 수도)을 떠나지 말고 내게 들은 바 아버지의 약속하신 것(성령)을 기다리라."(사도행전 1장 4절)고 하신 것입니다. 그리고 "성령이 너희에게 임하시면 너희가 권능(힘)을 받고 예루살렘과 온 유대와 사마리아와 땅 끝까지 이르러 내 증인이 되리라."(사도행전 1장 8절)고 하셨습니다.

제자들은 한곳에 모여 예수 그리스도께서 약속하신 성령을 기다리며 열심히 기도했습니다. 그랬더니 하늘로 올라가신 지 10일 되는 날(부활 후 50일 만에) 온 방안에 모여 있던 제자들 위에 성령이 임했습니다. 이상하게도 저들 마음이 뜨거워졌고 권능이 생기게 되었습니다. 조금도 죽음이나 박해가 두렵지 않았습니다. 여기 처음 모였던 곳이 초대 교회이며 교회의 시작은 오순절 성령 강림으로부터 예수의 선교 명령에 따라 제자들과 그를 따르는 자들이 복음을 전파하기 시작함으로써 시작된 것입니다(마태복음 28장 18-20절). 교회는 하나님이 계획하시고(히브리서 8장 5절), 예수 그리스도께서 세우신 것입니다(마태복음 16장 16-18절).

3. 교회의 종류

(1) 보이는 교회 (유형교회)

전세계에 산재한 교회, 특정한 지역에 그리스도인들이 예배와 성례 집행과 훈련, 교제 등을 목적으로 모이는 교회를 말합니다. 교회는 구원을 위한 하나님의 기구입니다.

(2) 보이지 않는 교회 (무형교회)

우주적인 교회, 즉 지구상에 있는 모든 믿는 이들의 무리를 가리킵니다.

4. 교회의 필요성

교회에 나가 보니 실망할 것이 더욱 많아 교회에 나가지 않는 분도 있으며, '믿으면 되는 것이지 꼭 교회에 나갈 필요가 있는가'고 반문하는 분들도 계십니다. 그러나 구원 받은 사람들은 하나님의 백성, 즉 공동체로서 혼자서는 정상적으로 자랄 수가 없습니다. 자란다고 해도 기형으로 자라게 됩니다. 우리는 하나님과 개인이 사귐을 갖는 것처럼 그리스도인과 그리스도인이 함께 사귐을 갖는 것이 하나님의 뜻입니다. 함께 예배드리고 가르침과 훈련을 받으며 성도들과의 교제를 나누어야 합니다.

교회는 그리스도의 몸입니다(에베소서 1장 23절). 예수님은 몸의 머리가 되시고 우리는 지체가 됩니다(골로새서 1장 18절; 고린도전서 12장 27절; 에베소서 5장 30절). 그러므로 그리스도가 머리요, 교회는 몸이요, 신자는 지체로써 서로 연합되어져 온전한 몸을 이루어 나가는 것입니다. 그러므로 신앙의 성장은 혼자서는 자랄 수가 없습니다. 세상의 유혹이 심하고 시험이 올 때 신앙의 선배들의 권면이야말로 크나큰 위로와 힘이 되는 것이며 동시에 성도들의 교제를 통하여 그리스도 안에서 한 형제 된 사실과 천국 생활을 경험하게 되는 것입니다.

5. 교회의 목적

(1) 예배

예배(worship)란 말은 인간이 하나님께 드려야 할 영광과 복종을 나타내는 행동입니다. 예배란 살아 계신 하나님의 임재를 느끼며 하나님으로부터 받은 바 은혜와 사랑과 복에 대한 감사의 응답으로 하나님께 드리는 것입니다.

살아 계신 하나님과 인격적인 교제이므로 마음과 뜻과 힘과 성품을 다하여 신령과 진정으로 드려야 합니다.

(2) 하나님 말씀의 가르침과 훈련 (교육)

누구나 그리스도인이 되면 가르치고 또한 가르침을 받는 교육이 필요합니다(마태복음 28장 19, 20절). 교회는 하나님 나라의 그림자이기 때문에 하나님의 백성으로서의 훈련이 필요합니다.

(3) 성도의 교제 (친교)

성도의 생활 가운데 가장 아름다운 모습은 성도들 간의 교제입니다. 주님은 성도들에게 화목게 하는 직책을 주셨으며(고린도후서 5장 18절), 초대 교회 때부터 서로 성도들의 교제를 두텁게 했습니다(사도행전 2장 42-45절).

(4) 봉사

봉사는 하나님의 사랑에 대한 응답입니다. 봉사는 억지로 하는 것이 아니요 즐거움으로 하는 것입니다. 성도들 간에 서로 섬기는 일로 시작하여 교회 각 기관에 봉사하는 일, 나아가서는 세계의 교회를 섬기고, 모든 세상 사람들을 위하여 봉사해야 합니다.

(5) 복음 증거 (선교)

예수님의 지상 명령이 복음 전파입니다(마태복음 28장 19-20절). 교회는 그리스도의 몸이므로 교회가 존재하는 목적은 결국 예수께서 하시던 일을 계속하는 것입니다. 그러므로 모든 사람들이 구원을 얻도록 복음을 증거하는 일은 가장 중요한 일입니다(디모데후서 4장 1-2절).

6. 교회의 직분과 조직

한 사람 이상이 모이면 단체가 되고, 단체가 되면 그 단체를 이끌어 갈 직분과 조직이 필요하게 됩니다. 질서 유지와 효과적인 임무 수행을 위하여 직분과 조직이 필요한 것입니다(고린도전서 14장 33절). 그러나 교회의 직분은 무슨 계급을 말하는 것이 아니라 머리되신 예수 그리스도께 속한 지체들로서의 직분이요 조직입니다.

그래서 예수님께서 친히 비유로 말씀하셨듯이 하나의 포도나무와 같습니다. 농부는 하나님 아버지시요, 포도나무는 예수 그리스도요, 우리들은 그 가지들이라고 했습니다. 교회의 직분이 있는 것은 원줄기 되신 예수 그리스도 안에서 많은 열매를 맺게 하는데 있습니다. 따라서 농부 되신 하나님을 기쁘시게 해드리며 그에게 영광을 돌리도록 하기 위하여 목사, 장로, 권사, 집사 등의 직분이 있습니다.

(1) 교회의 직분

1) 교역자

① 목사
목사는 교회의 대표자로서 그 교회를 영적으로 지도하며 치리하는 분입니다. 그리스도의 양(羊)인 교인을 감독하는 목자요, 봉사하는 종 또는 사자(使者)라고도 했으며, 그리스도의 말씀으로 교인들

을 깨우치는 교사요, 구원의 복된 소식을 전하는 전도인 또 그리스
도의 법을 지키는 자로 하나님의 청지기(관리인)라고도 했습니다.

이런 다양한 의의를 지닌 목사직을 감당하기 위해서는 자연히 그
자격을 교회의 법으로 정할 수밖에 없어 장로 교회의 경우에는 일
반대학을 졸업한 후 2년 동안 신학대학교에서 전문적으로 연구와
훈련을 쌓고 목사고시에 합격을 하거나 지방신학교를 졸업한 후
장로회신학대학교에서 연수 과정을 마치고 목사고시에 합격한 자
로 목사의 직분을 정하고 있습니다. 하나님의 말씀을 선포하며 성
례를 거행하고 교인을 축복하고 장로와 함께 교회를 치리하는 유
급 교역자입니다.

② 전도사

전도사는 신학교나 성서학원을 졸업한 자로서 무흠 입교인으로
5년을 경과하고 노회 전도사 고시에 합격한 사람으로 목사를 도와
그 교회를 시무하는 유급 교역자입니다.

③ 장로

장로는 그 교회의 교인(세례교인) 30명에 1명 꼴로 교인들에 의하
여 피선되는데 상당한 식견과 통솔력이 있고 무흠 세례교인으로서
7년 이상 경과하고 40세 이상 된 사람이어야 합니다.

교회가 그를 선거한 후에 약 6개월간 장로의 직을 감당할 수 있
도록 훈련을 쌓게 한 후 노회에서 실시하는 장로고시에 합격하면
장로로 세웁니다. 장로는 목사와 협력하여 그 교회의 행정과 치리
(治理)를 담당하는데 교회의 영적 성장을 살피고 교인들이 교리를
오해하거나 도덕적으로 부패하지 않도록 돌보고 권면하고 위로하
며 회개하지 않는 자가 있으면 당회에 보고하는 역할을 합니다. 특
히 장로교는 대의정치의 모체로서 민주 사회의 기틀을 세웠습니
다.

④ 집사

집사란 '일을 잡은 자'를 뜻합니다. 즉 교회 안에 각종 봉사의 일을 맡아 무보수로 수고하는 사람입니다. 집사직은 두 가지로 나뉘는데 안수집사와 서리집사입니다.

본래 집사직은 안수집사를 말하나 안수집사가 될 자격을 갖춘 사람이 없을 때는 이를 대행할 수 있도록 서리집사를 임명합니다. 서리집사는 매년 초에 다시 임명하지 않으면 자동으로 그 직이 해임됩니다. 그러나 안수집사는 한 번 안수하여 세움을 받으면 정년이 (70세) 될 때까지 그 직을 계속할 수 있습니다. 이 안수집사의 자격은 그 교회의 신자들의 신임을 받고 진실한 신앙과 분별력이 있고 세례 받은 후 5년이 경과되고 30세 이상 된 남자로 합니다. 이것은 임명하는 것이 아니고 교인들이 투표하여 과반수 이상의 찬성표를 얻어야 합니다.

⑤ 권사

권사는 여자로서 세례 받은 후 5년 이상 교회를 봉사한 타에 모범이 되는 사람 중에서 교인들이 투표하여 과반수 이상의 찬성표를 얻으면 세웁니다. 권사도 안수하여 세움을 받으면 정년(70세)이 될 때까지 목사를 도와 가난한 자, 병든 자, 그 밖의 어려움을 당하는 자들을 방문하고 위로하며 그들의 신앙을 격려하고 전도하는 일을 합니다.

⑥ 권찰

권찰은 구원의 확신을 가진 세례교인으로 믿음이 뛰어난 자를 당회가 임명하여 구역장을 도와 심방을 담당합니다.

(2) 교회의 조직

1) 당회

당회란 교회의 제반 문제 즉 행정과 치리 기타 모든 사항에 관해 관할합니다. 특별히 장로 교회는 이 당회가 중추역할을 담당하고 있으며, 당회원 신덕(信德)에 따라 그 교회의 전통과 성격이 형성되어 갑니다. 당회의 회장(당회장)은 목사이며 개회는 당회장과 당회원 과반수로 개최합니다. 당회의 직무는 크게 나누어 다음과 같습니다.

첫 번째, 교인들의 신앙생활을 살피며 성례식(세례식, 성찬식)을 주관합니다.

두 번째, 예배 주관과 교회 직원을 임명합니다.

세 번째, 범죄자를 치리합니다(사법권의 치리가 아님).

네 번째, 교회의 재산 관리를 맡아봅니다.

그 밖에도 모든 행정적인 문제들을 맡아 결정하고 시행하는 그 교회의 최고 기관입니다.

2) 제직회

제직회란 그 교회의 직분을 맡은 자들의 전체회입니다. 회원은 목사, 전도사, 장로, 권사, 집사 등이며 역시 회장은 목사가 됩니다.

이 제직회는 주로 교회의 재정 문제를 의결 처리하며 각종 봉사 활동을 담당하는 회입니다. 보다 능률적인 활동을 위해 필요에 따라 몇 개의 부서를 둘 수 있습니다.

3) 당회하의 각 기관들

① 여전도회
교회 안에 여성들로 조직된 회로서 자치적으로 모여 전도와 봉사 활동을 합니다.

② 남선교회
교회 안에 남성들로 조직된 회로서 역시 전도와 봉사 활동을 합니다.

③ 청년회
교회 안에 남녀 청년들로 구성된 자치 기관입니다.

④ 학생회
교회 안에 학생들로 구성된 기관으로 어린이회, 중학생회, 고등학생회, 대학생회 등으로 구분하기도 합니다.

⑤ 성가대
찬양과 성가로 예배를 돕고 기타 봉사 활동을 합니다.

4) 교회학교

교회 안에도 학교가 있습니다. 전반적인 기독교 교육과 성경 공부를 위해 연령별로 구분하여 영아부, 유치부, 유년부, 초등부, 소년부, 중등부, 고등부, 장년부, 신입부라고 합니다.

7. 교회에서 모이는 각종 회의

첫 번째, 당회는 위에서 언급한 내용을 참조 바랍니다.

두 번째, 제직회는 위에서 언급한 내용을 참조 바랍니다.

세 번째, 공동의회는 세례교인 이상 전 신자들이 모여 교회 직분을 맡을 자를 선거하며, 매년 예산 및 결산심의를 합니다.

네 번째, 구역회 및 권찰회는 교인을 지역적으로 구분하여 구역을 맡아 돌보는 사람을 권찰이라고 하며 그 구역의 책임을 맡은 사람을 구역장이라고 합니다. 이들이 모이는 회의를 구역회 및 권찰회라 합니다.

8. 교회에서 드리는 각종 예배

교인은 공동 예배에 참여함으로 교인의 의무를 다하게 되고 또 신앙 생활의 진보를 볼 수 있습니다.

(1) 주일예배

주일 낮에 드리는 예배입니다. 신약 교회가 설립 되면서 이레 중 첫날에 예배일로 모였습니다(사도행전 20장 7절; 고린도전서 16장 2절; 요한계시록 1장 10절). 주일을 거룩하게 지켜야 하는 이유는 예수께서 부활하신 날이요 성령께서 강림하신 날이기 때문입니다.

(2) 주일밤예배

찬양예배라고도 하며 주일 저녁에 드립니다.

(3) 삼일기도회

수요일 저녁에 드리는 예배입니다.

(4) 구역예배

신자의 교제를 위하여 구역에서 구역장의 인도하에 드리는 예배입니다.

(5) 특별절기예배

부활절, 감사절, 성탄절 등에 드리는 예배입니다.

9. 교인의 신급과 예식

(1) 교인의 신급

1) 원입교인

예수 믿기로 결심하고 공동 예배에 참석하는 자입니다.

2) 유아세례교인

세례교인 자녀로서 2세 미만 된 자입니다.

3) 세례교인

유아세례 교인이나 원입교인으로서 15세 이상 된 자입니다.

(2) 예식

1) 성례식

첫 번째, 세례식은 죄 씻음 받은 표로서 행하는 예식입니다.
두 번째, 성찬식은 예수님의 살과 피를 기념하는 예식입니다.

2) 임직식

목사위임식, 장로장립식, 집사안수식, 권사취임식 등이 있습니다.

3) 봉헌예식

예배당 기공, 정초, 헌당식 등이 있습니다.

4) 가정예식

첫돌 축하식, 약혼식, 결혼식, 은혼식, 금혼식, 장례식(입관식, 발인식, 하관식) 추도식 등이 있습니다.

10. 교회의 절기(교회력)

(1) 교회력

일상생활에서 달력을 사용하여 살아가는 것처럼 교회에는 교회력이 있어 교회생활을 하게 됩니다.

(2) 중요 절기

교회력에는 중요한 3대 절기가 있습니다.

1) 성탄절

예수님께서 탄생하심을 기념하는 날로서, 인간을 구원하기 위하여 구주를 보내신 하나님의 사랑을 감사하여 이 기쁜 소식을 널리 전하는 날입니다(12월 25일).

2) 부활절

예수께서 무덤에서 사흘만에 다시 살아나신 것을 기념하는 날인데 죄악으로 죽은 우리가 예수 그리스도로 말미암아 새로운 삶을 살게 되고, 이 땅에서 어떤 형편 중에서도 믿음으로 승리하게 될 것을 감사하며, 장차는 영원히 부활할 것을 소망하는 날입니다.

3) 오순절

예수께서 승천하신 후, 제자들이 모여 기도하던 중 성령께서 강림하신 날로 성령 강림절이라고도 합니다. 또 이 날을 기하여 예루살렘 교회가 시작되었기에 교회의 생일과도 같습니다.

교 회 력

절 기	기 간	의 미	빛깔과 뜻
대강절 (Advent)	크리스마스 4주전 크리스마스 이브	그리스도의 오심을 즐겁게 기억하며 그의 재림을 기대한다.	보라색 : 참회, 인내, 준비
성탄절 (Christmas)	크리스마스 ~ 1월 5일	예수의 탄생을 축하하고 동시에 그리스도의 성육신 사건을 기념한다.	백색 : 기쁨, 승리
현현절 (Epiphany)	1월 6일 ~ 성회수요일 이브	첫 번 이방인의 방문을 기념하고 인류에게 하나님의 선물을 계시하신 것을 나타내는 기간	백색 : 기쁨, 승리
사순절 (Lent)	성회수요일 ~ 부활절 이브	속죄를 위한 그리스도의 죽음을 기억하고 선포하며 회개와 기도로 부활절을 준비한다.	보라색 : 참회, 인내, 준비
부활절 (Easter)	부활주일 ~ 오순절 이브	그리스도의 부활을 기뻐하며 모든 시간과 장소를 통하여 주가 되심을 증언한다.	백색 : 기쁨, 승리
오순절 (Pentecost)	오순절 ~ 9월 마지막 주	교회에 성령을 선물로 주심을 축하하고 하나님의 백성이 성령의 보호 아래서 어떻게 사는가를 반성한다.	적색: 불, 열심, 사역
왕국절 (Kingdom)	10월 첫째주 ~ 대강절	그리스도의 사회적 책임을 강조하는 기간	녹색 : 희망, 생명, 성경

(3) 그 밖의 행사

신년 예배	1월 1일
여전도회 주일	1월 셋째 주일
총회 주일	2월 둘째 주일
남선교회 주일	3월 둘째 주일
종려 주일	부활절 전 주일
어린이 주일	5월 첫째 주일
어버이 주일	5월 둘째 주일
맥추 감사 주일	7월 셋째 주일
세계 성찬 주일	10월 첫째 주일
기독교 교육 주일	10월 둘째 주일
종교 개혁 주일	10월 마지막 주일
추수 감사 주일	11월 셋째 주일
성서 주일	12월 둘째 주일
교회 창립 기념 주일	각 교회별로

제8과

교파와 이단과 사이비 종파

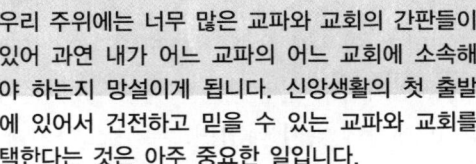

우리 주위에는 너무 많은 교파와 교회의 간판들이
있어 과연 내가 어느 교파의 어느 교회에 소속해
야 하는지 망설이게 됩니다. 신앙생활의 첫 출발
에 있어서 건전하고 믿을 수 있는 교파와 교회를
택한다는 것은 아주 중요한 일입니다.

우리 주위에는 너무 많은 교파와 교회의 간판들이 있어 과연 내가 어느 교파의 어느 교회에 소속해야 하는지 망설이게 됩니다. 신앙생활의 첫 출발에 있어서 건전하고 믿을 수 있는 교파와 교회를 택한다는 것은 아주 중요한 일입니다.

1. 교파에 대한 긍정적인 태도

사람은 매우 제한된 존재입니다. 한 사람을 대상으로 알려고 해도 그 사람을 완전히 다 알 수 없으며 여러 사람이 본다고 할지라도 자기 나름대로 각기 평가할 수밖에 없습니다. 이처럼 하나님에 대해서도 어느 누구 하나 완전하게 파악하지 못하며, 그 사람이 알고 깨달은 만큼 말할 수밖에 없습니다. 그러므로 인간의 지식과 지혜는 단편적일 수밖에 없습니다.

수많은 인류가 살고 있는 이 세상에서는 개인의 개성과 고유한 특색에 따라 예배의식이나 교리적인 면, 교회 조직, 행정 제도, 헌법에 따른 다양성이 있음을 건전하게 받아들여야 합니다.

교파가 있음이 유익할 때도 있는데 그 이유는 자기 개성에 맞는 대로 선택하여 신앙생활을 할 수 있다는 점과 각 교파가 특색을 가지고 세상에 나가 다방면으로 전도하거나 교단끼리의 선한 경쟁심을 통하여 복음 운동이 확장되어가기 때문입니다.

교파의 발전 과정을 보면 처음 초대 교회는 하나였습니다. 그러나 교회가 여러 세기의 역사를 거치는 동안 그 조직과 운영에 있어서 변화를 가져오고 특히 종교개혁 이후 모든 교회의 제도와 운영에 따라 다양성을 갖게 되었습니다. 모든 교회를 제도에 따라 크게 3가지 유형으로 나누면 다음과 같습니다.

(1) 감독제도

성경에 있는 감독제도를 채택한 것으로 천주교회, 성공회, 루터교회, 감리교, 구세군 등이 이에 속하여 중앙집권 제도로서 감독이나 대주교가 권위를 갖고 있습니다.

(2) 대의원제도

이 제도는 민주주의적 원칙에 의한 제도로서 교회를 대표하는 대의원에 의해서 당회, 노회, 대회, 총회를 조직하고 이 의결기관에서 교회 전반의 일을 다스립니다. 대개 장로교회, 성결교회 등이 여기에 속합니다.

(3) 조합제도

각 개체 교회가 그 교회의 모든 문제를 결정할 수 있는 권한을 가지며 상회는 협의적인 성격을 띠고 각 개체 교회에 행사하지 않습니다. 침례교회, 미국회중교회 등 그 외에도 교리에 따라 성결교, 침례교, 오순절 계통의 교회 등이 여기에 속합니다.

※ 참고로 건전한 교회들로 예장통합, 예장합동, 기장, 감리교, 성결교, 구세군, 루터교, 침례교 등을 들 수 있습니다.

2. 장로교회의 특징

장로교는 앞에서 말한대로 장로 제도를 채택한 교회 제도에 의하여 조직된 교파로서 구약성서에서부터 쓰여졌는데(창세기 24장 2

절; 출애굽기 3장 16-18절) 대개 나이가 많고 경험이 많고 재력을 겸한 어른에 대한 경의로 쓰여진 듯 합니다. 그래서 장로를 'elder'라고 말합니다.

장로 제도는 성서적인 근원을 찾아볼 때 가장 오랜 것으로 권위를 가지며 하나님의 절대적 주권을 가장 중요시하는 중심 교리를 가졌다는 의미에서 가장 성서적인 교회 제도라고 볼 수 있습니다. 신약 교회에서 장로 제도를 받아들인 것은 초대 교회에서부터(디모데전서 5장 17절; 사도행전 20장 17절, 성경에 나오는 감독은 장로와 똑같은 의미로 쓰여졌음)이지만 '장로교회'라고 명칭을 붙이기는 종교개혁(1517년) 이후 존 칼빈에 의해서입니다.

장로교회의 특색이 있다면 칼빈의 신앙과 신학에 따라 '오직 하나님께만 영광' 돌리는 신앙이 확실하며 모든 주권은 오로지 하나님께만 있음을 강조하고, 모든 생활의 기초는 오로지 성서입니다. 그리고 예배의 자세나 생활에 있어서 경건이 강조됩니다. 가장 민주적인 대의정치를 받아들이고 있습니다.

3. 이단과 사이비 종파

"많은 사람이 내 이름으로 와서 이르되 내가 그로라 하여 많은 사람을 미혹게 하리라." (마가복음 13장 6절)

기독교의 근본적인 내용을 잘못 전달하거나 부정하는 잘못된 집단들이 있는데 크게 나누어 이단과 사이비 종파입니다.

(1) 이단(異端)

이단의 어원은 '끝이 다르다'에서 출발되었으며 처음과 끝이 다르거나 정통의 교리가 있는데 거기에 반대되거나 그 정통 교리에서 벗어나는 집단을 가리킵니다.

처음에는 기독교 신앙에서 출발하다가 실상은 전혀 기독교와는 관계가 없는 인간의 교리로 끝냅니다. 쉽게 말해서 기독교의 기본 도리는 성경에 있는데 성경을 경전으로 삼지 않고 또 다른 것을 경전으로 삼고 있거나 기독교 신앙의 기본으로 삼고 있는 사도신앙 고백을 그대로 받아들이지 않는 집단이나 개인을 가리켜 이단이라고 합니다.

(2) 사이비 종파

사이비 종파란 기독교를 빙자하고 있지만 실상은 전혀 기독교와는 상관이 없고 사회적으로도 용납될 수 없는 집단을 말합니다.

일명 신흥종교라고도 하는데 우리 나라에는 계룡산을 중심으로 전국에 300-400여 종의 신흥종교가 있다고 합니다. 예를 들면 창가학회, 천리교, 찬물회, 신전도학, 용화사, 정도교, 통일교, 여호와의 증인등입니다.

(3) 이단의 정체와 특징

이단의 정체를 어떻게 규정할 수 있는가 할 때 세상적인 지식이나 학문 혹은 상식으로 말하기는 어렵습니다만 성서에 의존해 본다면 고린도후서 11장 4절에 "다른 예수, 다른 영, 다른 복음"이라고 말했는데 이것을 중심해서 이단의 정체와 특징을 말할 수 있습니다.

1) 십자가에 달리시고 부활하신 예수 외에 다른 예수를 전파합니다.

예를 들면 통일교에서는 초림 예수는 십자가에 죽음으로 인류 구속에 실패했으니 육신으로 이 땅에 다시 에덴동산을 복귀해야 할 재림 예수가 와야 하는데 예수가 십자가에서 죽었다는 사실은 죄인임을 나타냄으로 죄 없는 인간 예수가 와야 하는데 그가 바로 참 아버지인 문선명이요, 4번째 부인인 참 어머니는 한학자라고 합니다.

또 새마을전도회(천국복음전도회) 교주 구인회씨는 자칭 재림 예수라고 하며 이는 요한계시록 21장 17절의 "… 성곽을 측량하며 144규빗이니…"의 144를 합하면 9가 되니 구씨 중에 재림주가 나온다고 합니다. 기타 신전도학, 일월산기도원, 팔영산기도원 등 가짜 재림 예수가 많이 있습니다.

2) 다른 영을 받게 합니다.

신자들이 성령 받기를 너무 사모하고 갈급한 나머지 악령을 받아서 잘못 되어지는 경우가 있습니다. 성경에는 성령과 다른 영이 있음을 말합니다(마태복음 4장 11절, 7장 22절, 9장 33절, 12장 28절).

그러나 우리가 분별할 수 있는데 그것은 성령의 열매를 보면 알 수 있습니다. 성령의 열매는 인격의 변화 즉 "사랑, 희락, 화평, 오래 참음, 자비, 양선, 충성, 온유, 절제"(갈라디아서 5장 22절) 등을 말하나 악령의 열매는 "호색, 우상숭배, 음행, 분쟁, 시기, 분 냄, 당 짓는 것, 분리함, 투기, 술취함, 방탕 등"이라고 말합니다.

3) 하나님과 그리스도께 영광을 돌리지 않고 모든 영광을 자기가 가로채는 일이 많습니다.

4) 다른 복음(교리)을 전합니다.

"예수는 하나님의 아들이 아니다."라든가 "예수님은 그리스도가 아니다."라고 하는 기본 전통 신앙을 부인하며 혹은 성경 외에 다른 복음(경전)을 전합니다.

5) 가장 신령한 것처럼 이야기합니다.

6) 성서를 통달한 것처럼 이곳저곳 성경 구절을 끌어들입니다.

7) 비윤리적인 문제가 많이 생깁니다.

8) 교주나 사람을 높입니다.

9) 기성 교회를 비난합니다.

10) 이미 믿는 교인이거나 교회에 불평 불만이 있는 교인들을 물색하여
    접근합니다.

11) 잘 믿어보려는 사람을 제일 대상으로 삼습니다.

12) 당을 잘 짓습니다.

13) 말세론(종말)을 강조합니다.

현재 이단으로 나타난 것은 전도관, 새일교단, 구원파, 몰몬교, 장막성전, 여호와의 증인 등입니다.

(4) 이단에 대한 우리의 태도

첫 번째, 성경을 철저히 연구하여 우리의 신앙관이 정립되어야

합니다.

두 번째, 이단과 관계되는 문제가 있을 때는 꼭 교역자 및 신앙의 선배를 찾아 의논해야 합니다.

세 번째, 잘못된 그들을 몇 번 권면해도 듣지 않으면 상종을 하지 않는 것이 좋습니다(요한이서 10-11절; 로마서 16장 17절; 데살로니가 후서 3장 14-15절; 디도서 3장 10절).

왜 신앙이 필요한가?

그리스도인의 시험과 내적 싸움

새 생명을 소유한 그리스도인에게는 시험이 있습니다. 많은 사람들이 이 시험을 이기지 못하여 끝까지 신앙을 유지하지 못하여 중간에 포기하는 경우들을 봅니다. 시험의 종류는 크게 몇 가지로 나눌 수 있습니다.

유혹하고 침투해 오는 마귀의 시험(창세기 3장 16절; 베드로전서 5장 8절; 욥기 1장 6절-2장 13절)과 신앙의 연단을 위한 시련의 시험(창세기 22장 1-19절)과 자기 욕심에서 나는 정욕의 시험(사사기 16장 16절; 야고보서 1장 12-15절)이 있습니다.

이 중에서 특히 마귀의 시험을 생각해 보고자 합니다. 마귀의 정체가 무엇인지를 알 때 우리는 승리할 수 있습니다.

새 생명을 소유한 그리스도인에게는 시험이 있습니다. 많은 사람들이 이 시험을 이기지 못하여 끝까지 신앙을 유지하지 못하여 중간에 포기하는 경우들을 봅니다. 시험의 종류는 크게 몇 가지로 나눌 수 있습니다.

유혹하고 침투해 오는 마귀의 시험(창세기 3장 16절; 베드로전서 5장 8절; 욥기 1장 6절-2장 13절)과 신앙의 연단을 위한 시련의 시험(창세기 22장 1-19절)과 자기 욕심에서 나는 정욕의 시험(사사기 16장 16절; 야고보서 1장 12-15절)이 있습니다.

이 중에서 특히 마귀의 시험을 생각해 보고자 합니다. 마귀의 정체가 무엇인지를 알 때 우리는 승리할 수 있습니다.

1. 마귀의 정체

마귀를 사탄이라고도 합니다. 마귀가 시험하는 이유는 자기 부하로 있던 자가 자기를 떠나 예수를 믿어 그 사람을 잃게 되었기에 분하여 시험을 하는 것입니다.

마귀는 사람들의 멸망을 기뻐하므로 예수 믿는 일을 방해합니다. 즉 우리가 구원 받기 전에는 사탄의 영향을 받아 살았지만 "그의 은혜의 풍성함을 따라 그의 피로 말미암아 구속 곧 죄 사함을"(에베소서 1장 7절) 받고 난 후에는 사탄의 속박에서 벗어나 "그의 사랑의 아들의 나라"(골로새서 1장 13절)로 옮겨진 것입니다.

그러나 우리가 이 세상에 있는 동안에는 제한적이나마 사탄의 지배 아래 있기 때문에 끊임없이 사탄과 싸워야 합니다. 에베소서 6장 12절이나 베드로전서 5장 8, 9절을 보면 영적 싸움이 있는 것을 알 수 있습니다.

성경에는 사탄의 정체를 계명성(이사야 14장 12-14절), 사탄(루시퍼), 뱀, 전갈(누가복음 10장 18-19절; 스가랴 3장 1절), 큰 용(요한계시록 12장 9절), 마귀(요한복음 13장 2절), 귀신(마태복음 8장 16절)들로 표현되어 있는데 요약하면 창조된 천사 중 자기의 지위를 지키지 않고 하나님과 대등하게 되려고 하다가 하나님의 나라에서 쫓겨나 음부 곧 불구덩이에 빠져 이 세상을 장악하게 되었습니다.

그러므로 그들은 할 수 있는 대로 자기의 정체를 드러내지 않고 숨기며 영혼들을 마냥 괴롭히며 파멸의 도가니에 몰아넣습니다. 사탄은 언제나 세상의 죄, 육신의 정욕, 안목의 정욕, 이생의 자랑으로 우리를 유혹합니다(요한일서 2장 16절).

2. 사탄이 유혹하는 방법

첫 번째, 광명의 천사로 나타납니다(고린도후서 11장 14절).

두 번째, 믿는 사람들의 마음을 혼미케하고 의심나게 합니다(요한복음 13장 2절).

세 번째, 말씀을 빼앗아 믿지 못하게 합니다(누가복음 8장 12절).

네 번째, 그리스도인의 사이를 이간합니다(잠언 6장 19절).

다섯 번째, 유혹하며 넘어뜨려 죄를 짓게 하고 그들의 비행을 들추어 정죄하는 것을 좋아합니다(요한계시록 12장 19절).

여섯 번째, 하나님으로부터 분리시키는 작업을 합니다(창세기 3장 1-4절).

3. 시험을 이기는 방법

첫 번째, 하나님은 감당할 수 없는 시험은 당하지 않게 해주십니다(고린도전서 10장 13절).

두 번째, 시험할 즈음에 피할 길을 주십니다(고린도전서 10장 13절).

세 번째, 믿음으로 노력해야 합니다(에베소서 6장 16절).

신앙은 마귀를 이기는 무기요 세상에서 승리하는 힘입니다(요한
일서 5장 4절).

네 번째, 기도의 힘으로 시험을 물리쳐야 합니다(마태복음 26장
41절).

다섯 번째, 성경 말씀으로 문제를 해명해야 합니다(마태복음 4장
4절).

여섯 번째, 성령의 능력으로 시험을 선용해야 합니다(빌립보서 1
장 12-14절).

※ 사탄이 제일 무서워하는 네 가지

① 하나님의 말씀의 전신갑주를 입는 것입니다(에베소서 6장 10-20절).
② 주님의 보혈을 의지하는 것입니다(요한일서 2장 2절).
③ 성도들의 교제와 교회생활을 통하여 피차 말씀을 나누며 권면하는
   것입니다(히브리서 10장 24-25절).
④ 기도하는 것입니다(마가복음 9장 29절).

---

4. 시험을 이긴 자가 받는 축복

첫 번째, 믿음의 연단을 받아 아름답게 됩니다(야고보서 1장 3절).

두 번째, 인내의 미덕을 이루게 됩니다(야고보서 1장 4절).

세 번째, 신앙 인격이 온전해집니다(야고보서 1장 4절).

네 번째, 주님께로부터 옳다고 인정을 받습니다(야고보서 1장 12
절).

다섯 번째, 생명의 면류관을 받습니다(야고보서 1장 22절).

5. 내적 싸움

그리스도인들도 세상에 사는 동안 육신의 지배를 받게 됩니다. 육신의 의미는 아담의 범죄 때문에 우리의 마음에 들어온 죄의 성품을 가리킵니다. 간교한 사탄은 이 육신을 통하여 갖가지로 유혹을 합니다(갈라디아서 5장 19-21절). 그러므로 거듭난 우리들 속에도 육신의 법을 따르려는 생각이 있는 것을 보게 되며 이 죄의 세력이 나를 지배하려는 것을 보게 됩니다. 바울도 이와 같은 고백을 했습니다(로마서 7장 18-25절).

육신의 일은 정과 욕심으로(갈라디아서 5장 24절), 헛된 영광을 구하는 것으로(갈라디아서 5장 25절), 으뜸이 되기를 좋아하는 것으로(요한삼서 9절) 혹은 성급하고 거친 성격, 시기, 질투, 거만, 이기주의 등으로 나타나며 우유 부단, 게으름, 고집, 비교하는 것, 열등의식 등으로도 나타납니다.

이 같은 일을 처리하는 방법은 이미 우리가 십자가로 말미암아 육신의 죄에서 해방 되었다는 사실을 믿음으로 받아들이고 주님의 능력으로 대적하면 되는 것입니다. 그리고 그리스도 안에서 말씀에 순종하고 성령으로 충만하면 되는 것입니다(로마서 8장 3절, 8장 37절; 고린도후서 2장 14절; 에베소서 1장 19절).

하나님의 전신갑주를 입으라

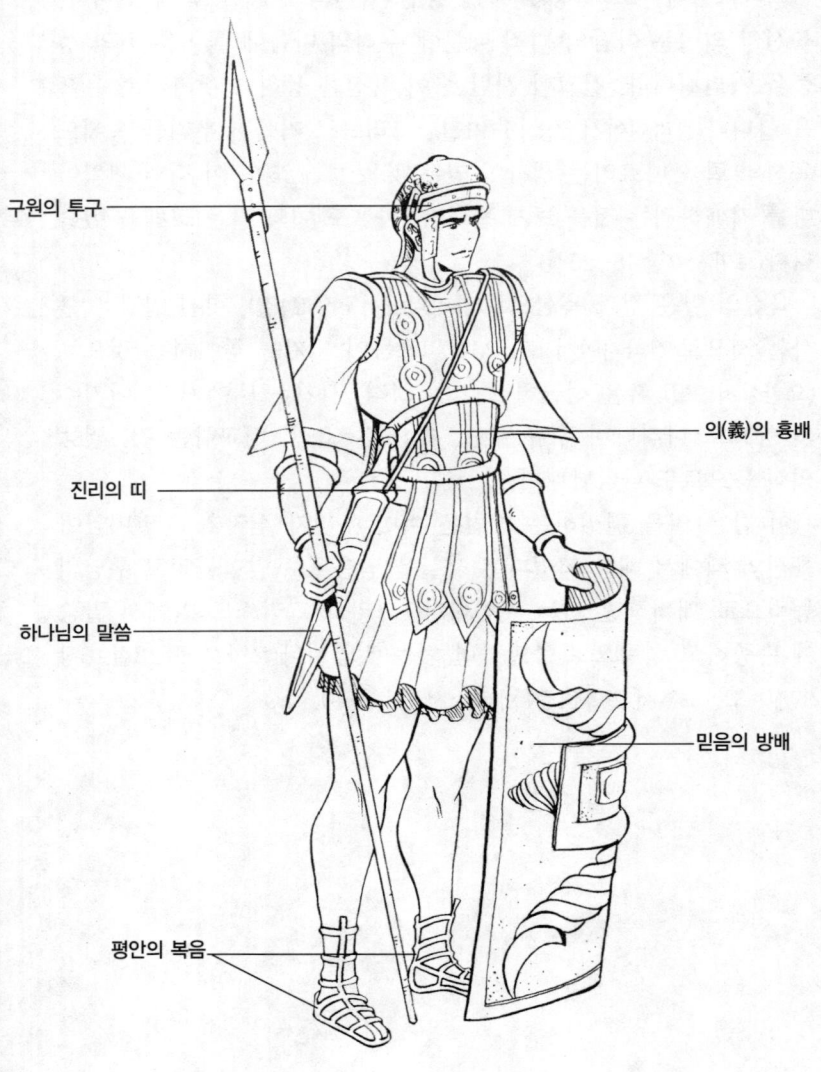

구원의 투구

의(義)의 흉배

진리의 띠

하나님의 말씀

믿음의 방배

평안의 복음

제10과

그리스도인의 성장의 생활

구원 받은 순간부터 새로운 영적 생명이 주어졌습
니다(고린도후서 5장 17절; 요한일서 5장 11, 12절).
하나님께서는 거듭난 당신이 성장하여 풍성한 삶
을 누리도록 바라고 계십니다(요한복음 10장 10
절). 당신이 신앙으로 성장하기 위해서는 다음 몇
가지의 노력이 필요합니다.

구원 받은 순간부터 새로운 영적 생명이 주어졌습니다(고린도후서 5장 17절; 요한일서 5장 11, 12절). 하나님께서는 거듭난 당신이 성장하여 풍성한 삶을 누리도록 바라고 계십니다(요한복음 10장 10절). 당신이 신앙으로 성장하기 위해서는 다음 몇 가지의 노력이 필요합니다.

1. 영의 양식을 매일 먹으십시오. (성경 읽기와 연구)

하나님께서는 자기의 말씀인 성경을 통하여 당신에게 말씀하시고 계십니다.

"예수께서 대답하여 가라사대 기록되었으되 사람이 떡으로만 살 것이 아니요 하나님의 입으로 나오는 모든 말씀으로 살 것이라."(마태복음 4장 4절)

"갓난아이들같이 순전하고 신령한 젖을 사모하라 이는 이로 말미암아 너희로 구원에 이르도록 자라게 하려 함이라."(베드로전서 2장 2절)

하나님의 말씀 곧 성경은 당신이 먹고 마셔야 하는 영적 음료와 양식입니다. 매일 성경을 읽기 전에 주님께서 말씀의 뜻을 분명히 깨닫게 해주시도록 간구하십시오.

신앙의 선배, 교회의 교역자, 성경 공부반 과정 등을 통해서 배울 수 있는 모든 기회를 이용하십시오. 기타 좋은 기독교 복음 문헌들을 통해서도 당신의 영혼을 먹일 수가 있습니다.

"주의 말씀의 맛이 내게 어찌 그리 단지요 내 입에 꿀보다 더하니이다 … 내가 주의 법을 어찌 그리 사랑하는지요 내가 그것을 종일 묵상하나이다."(시편 119편 103, 97절)

2. 기도생활을 하십시오.

(1) 기도는 무엇입니까?

1) 기도는 무선통신과도 같습니다.

어느 시간이든 기도하면 하나님이 응답하시는 관계가 성립됩니다.

2) 하나님과의 대화입니다. (시편 91편 15절)

3) 신령한 영적 호흡입니다.

우리 육체가 호흡을 함으로 살게 되는 것같이 신자는 기도함으로 살게 됩니다.

(2) 기도하는 이유는 무엇입니까?

1) 하나님께 영광을 돌리기 위함입니다.

기도할 때 하나님이 기뻐하시고, 기도 중 은혜를 받고 응답을 받으므로 하나님께 영광을 돌립니다(요한복음 14장 13절; 시편 50편 15절).

2) 하나님께 도우심을 얻기 위함입니다. (히브리서 4장 16절)

3) 필요한 것을 받기 위함입니다. (마태복음 7장 7절)

(3) 기도의 태도와 방법

첫 번째, 믿음으로 해야 합니다(야고보서 1장 6절; 히브리서 11장 6절).

두 번째, 쉬지말고 해야 합니다(데살로니가전서 5장 17절).

세 번째, 인내해야 합니다(누가복음 11장 5-13절).

네 번째, 예수의 이름으로 해야 합니다(요한복음 14장 13절).

다섯 번째, 일정한 기도 시간을 가져야 합니다(사도행전 3장 1절; 누가복음 22장 39절).

여섯 번째, 간절해야 합니다(마태복음 26장 39절).

일곱 번째, 공동 기도생활에 참여해야 합니다(마가복음 1장 35절). 철야기도회 및 새벽기도회에 참석하기를 힘쓰십시오.

여덟 번째, 하루를 기도로 시작하고, 진행하고, 기도로 마쳐야 합니다(데살로니가전서 5장 17절).

3. 친교생활을 하십시오.

친교란 예수를 사랑하는 사람들과 교제하는 것을 말합니다(사도행전 2장 43-47절). 혼자서 건전한 신앙생활을 할 수가 없는 고로 친교는 신앙생활에 있어서 생명과 같습니다(히브리서 10장 25절).

(1) 친교의 방법

첫 번째, 내가 먼저 이웃이 되어 주는 일입니다(누가복음 10장 25-37절).

두 번째, 주님을 머리로 한 몸의 지체로서 서로 도와 주는 일입니다(에베소서 1장 22절).

세 번째, 각종 집회 시간에 모이기를 힘쓰는 일입니다(사도행전 2
장 42절).

네 번째, 교회 기관 단체에 소속하는 일입니다(에베소서 2장 19
절). 예를 들면 대학부, 청년회, 남선교회, 여전도회 등 지교회 당회
하의 선교 기관을 말합니다.

다섯 번째, 구역예배 및 구역 활동에 참여하는 일입니다(히브리서
10장 25절).

(2) 친교를 통한 유익

첫 번째, 자신의 신앙 성장을 가져옵니다(디모데전서 4장 15-16
절).

두 번째, 각종 좋은 것을 함께 나누게 됩니다. (갈라디아서 6장 6
절).

세 번째, 봉사할 수 있는 기회를 가지게 됩니다(빌립보서 2장 4절).

4. 전도생활을 하십시오.

(1) 복음 전도란 무엇일까요?

복음은 '기쁜 소식' 이라는 뜻으로 복음 전도의 뜻은 기쁜 소식을
전한다는 뜻입니다.

(2) 복음 전도의 내용

복음 전도의 내용은 예수님이 하나님의 아들로 죄인을 구원하시
고 인생의 구주가 되심을 증거하는 일입니다(로마서 1장 2-4절).

(3) 복음을 전해야 하는 이유

첫 번째, 하나님의 간절하신 뜻입니다(고린도전서 1장 21절; 디모데후서 1장 8, 9절).

두 번째, 예수님의 최후 부탁이기 때문입니다(마태복음 28장 19, 20절; 사도행전 1장 8절).

세 번째, 이웃의 영혼을 사랑하기 때문입니다(다니엘 12장 3절).

네 번째, 하늘의 상급이 주어지기 때문입니다(다니엘 12장 3절).

다섯 번째, 믿지 않는 사람을 그냥 두면 멸망하기 때문입니다(요한복음 3장 36절, 8장 24절).

여섯 번째, 구원 받은 자의 의무이기 때문입니다(로마서 1장 13-15절; 고린도전서 9장 16절).

(4) 전도의 방법

1) 직접 전도

시간, 몸을 드려 전도의 일을 직접 감당하는 것입니다(개인 전도, 가정 전도, 소그룹 전도, 대중 전도 등).

2) 간접 전도

기도 및 헌금으로 전도의 일을 간접적으로 감당하는 것을 말합니다. 내가 직접 전도하지 못하지만 전도인을 위한 기도와 전도인의 생활비와 활동비를 물질로 돕는 것을 말합니다.

(5) 전도자의 준비와 정신

첫 번째, 기도의 준비가 있어야 합니다(마태복음 1장 35절).

두 번째, 말씀의 준비가 있어야 합니다(베드로전서 3장 15절).

세 번째, 용기를 잃지 말아야 합니다(빌립보서 4장 13절).

네 번째, 희생을 각오해야 합니다(누가복음 9장 23절).

다섯 번째, 성령의 인도와 능력을 믿어야 합니다(사도행전 1장 8절).

여섯 번째, 열심과 인내를 가져야 합니다(고린도전서 9장 16절).

일곱 번째, 자기 자랑을 하지 말아야 합니다(고린도전서 9장 16절; 에베소서 2장 9절).

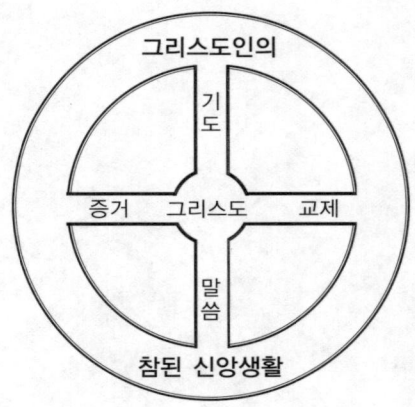

그리스도인의 가정생활 및 사회생활과 봉사생활

첫 번째, 믿음으로 해야 합니다.
두 번째, 주 예수의 이름으로 해야 합니다.
세 번째, 감사한 마음으로 해야 합니다.
네 번째, 주께 하듯 해야 합니다.
다섯 번째, 자기의 이익을 탐하지 않아야 합니다.
여섯 번째, 인내해야 합니다.

1. 가정생활

가정은 천국생활의 모형입니다. 우리는 가정을 통하여 사랑의 신비로운 생활을 경험하게 됩니다.

하나님께서 인간을 창조하시고 아담과 하와로 가정을 이루게 하셨으며 예수님께서도 혼인 잔치에 참석하시고 복 주셨습니다.

(1) 가정예배

"손을 내밀어 제자들을 가리켜 가라사대 나의 모친과 나의 동생들을 보라 누구든지 하늘에 계신 내 아버지의 뜻대로 하는 자가 내 형제요 자매요 모친이니라 하시더라." (마태복음 12장 49-50절)

참다운 가정의 질서와 행복은 하나님께서 그 가정의 주인이 되시고 온 가족이 함께 믿음의 생활을 할 때에만 가능합니다. 그리고 그것은 가정예배를 통하여 유지됩니다.

가족일지라도 믿지 않는 사람은 멀리 느껴지며 오히려 서로가 남남일지라도 믿음의 식구는 가족보다 더 가깝게 느껴지기 때문입니다.

(2) 부모와 자녀

그리스도인의 가정은 사랑과 순종의 질서가 있습니다. 자녀는 부모를 공경하며, 부모는 자녀들을 믿음 안에서 양육해야 합니다.

그것은 보이는 부모님을 공경하지 못하면 보이지 않는 하나님을 섬길 수 없고, 자녀를 믿음으로 키우는 것은 가장 확실하고 귀중한 유산을 남겨주는 것이기 때문입니다.

부부간에도 마찬가지로 아내는 교회가 머리되시는 주님께 복종하듯 남편에게 순종하고, 남편은 주님께서 몸을 바쳐 교회를 사랑하신 것처럼 아내를 사랑해야 하는 것입니다.

(3) 가정의례

신자의 가정의례는 교회의 법대로 할 때에 자신의 믿음에 손해가
되지 않고 유익하며 다른 사람들에게도 덕을 세워서 전도의 기회
가 될 수 있습니다.

약혼과 결혼식은 사전에 주례 목사님과 충분히 의논하여 지도를
받도록 합니다.

제사는 조상 숭배의 사상과 허례허식으로 금하며 대신 선조들의
남겨 주신 믿음과 삶을 감사하고 기념하여 추도예배를 드립니다.

그 밖에도 개업이나 이사 또는 질병으로 인한 어려움이 있을 때
에는 교역자를 초청하여 예배드리도록 해야 합니다.

2. 사회생활

그리스도인들은 자기 자신의 구원만으로는 만족할 수 없습니다.
왜냐하면 하나님께서 우리를 이 땅에 두실 때에는 반드시 목적이
있기 때문입니다. 즉 이웃 사람을 구원하고 사회 속에서 하나님의
공의를 실현해야 할 빛과 소금의 사명이 있는 것입니다.

기타 정직한 생활, 신용 있는 생활, 구제 생활, 언행 일치의 생활,
관용의 생활, 타인에게 유익을 끼치는 생활이 필요합니다.

(1) 직업에 대한 소명

"너희는 너희의 것이 아니라 값으로 산 것이 되었으니 그런즉 너희 몸으로
하나님께 영광을 돌리라." (고린도전서 6장 19~20절)

그리스도인은 언제나 자기의 직업에 대하여 감사할 수 있어야 합니다. 하나님께서는 바로 내가 하는 그 일을 통하여 하나님의 뜻을 이루시기 때문입니다.

똑같은 일을 하더라도 나 자신을 위하여 한다는 생각보다는 하나님을 위하여 한다는 생각이 더 신앙적인 자세입니다.

혹 지금은 내가 하는 일이 불만스러울지라도 하나님의 뜻이 분명히 계시기 때문에 그것을 기대하고 현재의 일에 충실해야 합니다.

그리고 직업을 선택할 때에는 신앙의 양심에 저촉되지 않으며 교회의 덕을 세우고 자신의 신앙에 손해가 없어야 합니다.

(2) 건덕생활

"모든 것이 가하나 모든 것이 유익한 것이 아니요 모든 것이 가하나 모든 것이 덕을 세우는 것이 아니니 누구든지 자기의 유익을 구치 말고 남의 유익을 구하라." (고린도전서 10장 23-24절)

그리스도인은 어디에서 무엇을 하며 살든지 그리스도인으로 하나님의 영광을 가리고 교회를 욕되게 하지 않도록 덕을 세워야 합니다.

덕이라 함은 나보다 다른 사람을 먼저 생각하고 위해 주는 것을 말합니다. 그러므로 다른 사람과의 관계에 있어서는 정직한 생활이어야 하며 신뢰가 있고 어려운 사람들을 도와주고 책임을 성실히 이행하는 생활이어야 합니다.

3. 봉사생활

(1) 봉사생활이란 그리스도를 사랑하는 생명의 활동입니다.

봉사할 때 자신이 더욱 성장합니다. 당신에게 은혜 주신 목적은 봉사생활을 하도록 하기 위함입니다.

(2) 봉사의 태도

첫 번째, 믿음으로 해야 합니다.
두 번째, 주 예수의 이름으로 해야 합니다.
세 번째, 감사한 마음으로 해야 합니다.
네 번째, 주께 하듯 해야 합니다.
다섯 번째, 자기의 이익을 탐하지 않아야 합니다.
여섯 번째, 인내해야 합니다.

(3) 봉사의 방법

재물, 재능, 시간을 바쳐 적극적으로 참여해야 합니다.

왜 신앙이 필요한가?

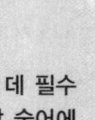

기독교인이 알아 두어야 할 상식

이제 우리는 기독교인이 신앙생활을 하는 데 필수
적으로 외워야 할 것과 꼭 알아 두어야 할 술어에
대하여 공부해 봅시다.

이제 우리는 기독교인이 신앙생활을 하는 데 필수적으로 외워야
할 것과 꼭 알아 두어야 할 술어에 대하여 공부해 봅시다.

1. 주기도문 (기도할 것)

하늘에 계신 우리 아버지여. 이름이 거룩히 여김을 받으시오며, 나라이
임하옵시며 뜻이 하늘에서 이룬 것같이, 땅에서도 이루어지이다. 오늘날
우리에게 일용할 양식을 주옵시고 우리가 우리에게 죄 지은 자를 사하여
준 것 같이 우리의 죄를 사하여 주옵시고 우리를 시험에 들지 말게 하옵
시고, 다만 악에서 구하옵소서. 대개 나라와 권세와 영광이 아버지께 영
원히 있사옵나이다. 아멘.

주기도는 주의 기도입니다. 예수님께서 제자들에게 모범적으로
가르치신 기도문입니다(마태복음 6장 9-13절; 누가복음 11장 2-4절).
주기도문은 먼저 하나님의 이름과 나라와 뜻에 관한 기원이고 다
음으로 사람에 관한 것으로 일용할 양식과 죄에서의 용서와 악에
서 구원해 달라는 기도입니다. 주기도는 기도의 표준입니다.

2. 사도신경 (믿을 것)

전능하사 천지를 만드신 하나님 아버지를 내가 믿사오며 그 외아들 우리
주 예수 그리스도를 믿사오니 이는 성령으로 잉태하사 동정녀 마리아에
게 나시고 본디오 빌라도에게 고난을 받으사 십자가에 못 박혀 죽으시고
장사한지 사흘만에 죽은 자 가운데서 다시 살아나시며 하늘에 오르사 전
능하신 하나님 우편에 앉아 계시다가 저리로서 산 자와 죽은 자를 심판
하러 오시리라. 성령을 믿사오며 거룩한 공회와 성도가 서로 교통하는

것과 죄를 사하여 주시는 것과 몸이 다시 사는 것과 영원히 사는 것을 믿사옵나이다. 아멘.

3. 십계명 (지킬 것)

제1계명   나 외에 다른 신을 섬기지 말라.
제2계명   너를 위하여 우상을 만들어 절하며 섬기지 말라.
제3계명   하나님 여호와의 이름을 망령되이 일컫지 말라.
제4계명   안식일을 기억하여 거룩하게 지키라.
제5계명   네 부모를 공경하라.
제6계명   살인하지 말라.
제7계명   간음하지 말라.
제8계명   도적질하지 말라.
제9계명   이웃을 해하려고 거짓 증거하지 말라.
제10계명   네 이웃의 것은 무엇이든지 탐내지 말라.

십계명은 하나님께서 이스라엘 백성들에게 시내산에서 주신 계명입니다(출애굽기 20장 1-17절; 신명기 5장 7-21절). 이것은 이스라엘 백성들의 생활규범이었습니다. 이것을 오늘날 우리들은 옛 계명이라고 말합니다.

십계명은 1-4계명까지가 하나님께 대한 법이요, 5-10계명까지가 사람에 대한 법입니다. 축소하면 사랑의 법인데 예수님께서 오셔서 새 계명을 주셨습니다.

"네 마음을 다하고 목숨을 다하고 뜻을 다하여 주 너의 하나님을 사랑하라 하셨으니 이것이 크고 첫째 되는 계명이요 둘째는 그와 같으니 네 이웃을 네 몸과 같이 사랑하라 하셨으니 이 두 계명이 온 율법과 선지자의 강령이니라." (마태복음 22장 36-40절)

4. 아멘 (Amen)

'아멘'이란 히브리말로 '그렇게 되옵소서'(so let it be) 혹은 '진실로'(truly)의 뜻으로 자신이 기도하는 것이 꼭 이루어 주실 줄 믿습니다 하는 확인인 동시에 타인이 기도할 때 나도 과연 그렇게 믿습니다라는 응답의 표시입니다.

'아멘'은 아예 예배 의식 중에 도입되어 기도문의 마지막엔 언제나 아멘으로 화답하게 되어 있습니다.

참고로 알아 둘 일은 우리는 언제나 기도 마지막에 "예수님의 이름으로 기도합니다."란 말로 끝맺음을 합니다. 이는 요한복음 16장 24절에 "지금까지는 너희가 내 이름으로 아무것도 구하지 아니하였으나 구하라 그리하면 받으리니 너희 기쁨이 충만하리라."고 했기 때문입니다. 여기에 이방인의 기도와 구별됨이 있습니다.

우리는 죄가 많은 백성이므로 우리의 기도로 하나님께 이를 수 없으나 예수님의 십자가의 보혈의 피가 우리를 구원하셨기 때문에 직접 하나님께 예수님의 이름으로 구할 수 있도록 된 것입니다. 그러므로 죄인 된 인간의 속성으로 구하는 것이 아니요 하나님의 자녀 된 자격으로 구하는 것입니다. 이 말을 다시 바꾸어 말하면 예수님의 입장에서 예수님이 기뻐하시고 사인할 수 있는 내용을 구하여야 된다는 뜻을 포함합니다.

5. 주일

일요일을 기독교인들은 '주일'이라 부릅니다. 이 날은 평소에 하던 일을 쉬고 교회에 모여 예배하는 일과 전도, 심방, 구제 등의 일을 합니다.

이렇게 다른 날과 구별하여 하루를 보내는 것을 보통 '주일을 지

킨다'고 이야기합니다. 주일을 거룩히 지키는 것은 신자들이 마땅히 지켜야 할 본분이라고 성경은 가르치고 있습니다.

구약시대에는 주일이 아니고 안식일을 지켰는데 그것은 하나님이 이 세상을 창조하시고 제7일에 쉬셨다는 가르침과 하나님께서 주신 열 가지 계명 가운데 안식일을 지키라는 계명이 있었기 때문입니다.

하나님께서 친히 안식일을 제정하신 것은 7일 중 하루를 하나님의 날로 구별하여 그 날을 기억하여 하나님께 예배드리고 하나님을 영화롭게 하도록 하는 데 있었습니다.

인간은 이 안식일을 당할 때마다 자신에게 생명을 주신 하나님을 생각하며 감사해야만 했습니다. 그러나 이 안식의 축복을 계명으로 받은 유대인들은 안식일의 근본적인 뜻을 오해하고 문자적으로 율법적으로만 지키려는 잘못을 범하고 말았습니다. 오늘날도 주일을 그런 식으로 지키려는 사람들이 많이 있습니다.

그러나 안식일의 근본 뜻을 모르고 단순히 지켜야 한다는 의무감에서 계율적으로 지키는 안식일은 아무 의미가 없습니다.

그렇다면 기독교인들은 왜 안식일을 지키지 않고 주일을 지키느냐고 묻는 사람이 있을 것입니다.

사실 오늘날도 주일 대신 구약의 안식일(토요일)을 그대로 지키는 유대교나 안식일 교회가 있습니다.

주일이란 말은 '주의 날'(the Lord's day)이란 뜻인데 그것은 안식 후 첫날(일요일)에 부활하신 주님을 기념하여 초대교회 교인들이 그렇게 부른 데서 시작되었습니다.

주일에 모여서 기도하고 예배하며 서로 음식을 나누고 불쌍한 사람들을 도와 주는 일 등 실제로 이 날을 기념하는 행동을 했던 것입니다. 왜 그들이 안식일을 지키지 않고 주일을 지켰을까요? 구약시대에 주셨던 어떤 예식이나 제도는 신약시대에 와서 더 발전된

모습으로 변한 것들이 있는데 주일도 그런 것의 하나로 보았기 때문입니다. 예를 들면 구약시대의 할례 제도는 신약시대에 세례로 바꾸어졌으며 유월절이라는 절기 제도는 성찬 제도로, 구약시대의 제사 대신 신약시대에는 예배를 드리는 것으로 바꾸어졌습니다. 구약의 안식일은 인간이 하나님을 거역하고 범죄하므로 사실은 그것을 지킬 만한 자격을 상실해 버린 상태였으나 주님이 우리 죄를 대신해서 십자가를 지시고 죽으셨다가 다시 부활하시므로 생명을 잃어버렸던 우리에게 새로운 생명을 주신 새로운 날이 되었던 것입니다. 그러므로 주일은 믿는 자들에게 가장 귀하고 복된 날이 된 것입니다.

"인자는 안식일의 주인이니라." 하신 주님이 안식일을 주일로 바꾸어 우리에게 주신 것입니다. 따라서 예수님을 믿고 그 예수님이 주실 영생을 바라보는 성도들에게 주일은 너무나도 큰 의미를 갖는 날이 된 것입니다. 그래서 이 날은 자기를 위해 일하지 않고 주님을 위해서 즉 주님을 영화롭게 하고 그가 기뻐하시는 일을 해야 하는 것입니다. 그러므로 주일을 바로 지키는 것은 주일에 일을 하지 않고 예배에나 참석하면 된다는 소극적인 태도가 아닙니다. 적극적으로 이 날을 주님의 날로 인정하고 주님이 기뻐하실 일을 하나라도 더 하려는 마음과 행동이 곧 주일을 잘 지키는 것이 됩니다.

※ **성수주일의 유익과 축복** (이사야 58장 13-14절)

1. 육체의 건강을 얻는다.
2. 정신적인 건강을 얻는다.
3. 심령이 강건해진다.
4. 교회가 발전하고 생업이 축복을 받는다.

6. 세상 종말과 예수의 재림

(1) 성경 여러 곳에 예언되어 있습니다.

1) 구약

다니엘 7장 13절; 스가랴 9장 9절; 이사야 34장 2-4절; 요엘 2장 31절, 3장 15절은 세상 멸망에 대한 예언이 나타나 있습니다.

2) 신약

마태복음 24장 27절, 37절, 39절은 인자가 오심이 나타나 있습니다.

데살로니가전서 2장 19절, 3장 13절, 4장 15절; 5장 23절, 데살로니가후서 2장 1절, 8절; 야고보서 5장 7-8절; 베드로후서 1장 16절, 3장 4절은 그리스도의 오심이 나타나 있습니다.

베드로후서 3장 10-12절; 누가복음 17장 28-30절은 불심판에 대한 예언이 나타나 있습니다.

(2) 예수님의 재림시에 진행되는 일입니다. (요한계시록 1장 7절; 베드로전서 4장 7절)

첫 번째, 예수께서 공중에서 재림하십니다(데살로니가전서 4장 17절).

두 번째, 지구상의 전 인류가 알도록 재림하십니다(요한계시록 1장 7절; 누가복음 21장 35절).

세 번째, 죽은 성도가 땅에서 부활합니다(다니엘 12장 2절; 데살로니가전서 4장 16절).

네 번째, 살아있는 경건한 성도는 변화 될 것입니다(고린도전서 15장 51-52절).

다섯 번째, 부활한 성도들은 공중으로 끌어올림을 받아 주님을 만나게 됩니다(데살로니가전서 4장 17절).

여섯 번째, 지상에는 무서운 환난이 쏟아질 것입니다(베드로후서 3장 10, 12절).

(3) 세상 종말이 가까웠다는 성경의 예언이 이루어지고 있습니까?

첫 번째, 많은 사람이 빨리 왕래할 것입니다(다니엘 12장 4절).
말세에는 교통 수단이 발달될 것을 예언한 것입니다.
두 번째, 사람의 지식이 더 할 것입니다.
말세가 되면 지식 수준이 최고도로 발달될 것을 말한 것입니다.
세 번째, 이스라엘이 독립을 할 것입니다(이사야 54장 1-17절, 66장 1-22절).
네 번째, 거짓 스승과 이단자들이 미혹하는 일이 심해질 것입니다(마태복음 24장 4, 11절).
다섯 번째, 전쟁이 심해질 것입니다(마태복음 24장 6절).
여섯 번째, 같은 민족끼리의 대결이 심해질 것입니다(마태복음 24장 7절).
일곱 번째, 기근과 지진이 심해질 것입니다(마태복음 24장 8절).
여덟 번째, 핍박하는 일이 심해질 것입니다(마태복음 24장 9, 10절).
아홉 번째, 죄악이 관영해질 것입니다(마태복음 24장 12절).
열 번째, 형제가 형제를, 아비가 자식을, 자식이 부모를 죽는 데 내어주며 자식이 부모를 죽일 것입니다(마태복음 10장 21절).
열한 번째, 성령의 충만함을 받은 자가 많아질 것입니다(요엘 2장 2, 29절).

열두 번째, 복음이 온 천하에 전해질 것입니다(마태복음 24장 14절).

7. 헌금

헌금이란 구약시대에는 우리가 가지고 있는 모든 것은 하나님의 것이라는 데서 출발하여 하나님의 것을 하나님이 요구하시는 대로 드리는 것을 말합니다(신명기 10장 14절; 레위기 25장 23절). 하나님의 요구는 모든 소유의 10분의 1을 드리는 것입니다. 그래서 헌금의 표준은 십일조입니다.

그러나 신약에 와서 헌금의 뜻은 더욱 적극적인 의미를 갖는 것으로서 '주님께서 나 같은 죄인을 위하여 십자가에서 죽으심으로 당신 전체를 드려 나를 구원하여 주셨으니 얼마나 감사하고 고마운지 나의 모든 것을 드려도 그 은혜를 갚을 길 없어 이 몸도 드립니다' 라는 고백 속에서 드리는 것입니다.

그러므로 헌금은 믿음의 표시요, 신앙의 척도요, 감사의 표시요, 헌신의 표시입니다.

헌금의 종류로는 주일헌금, 십일조헌금, 절기헌금, 감사헌금, 기념헌금, 생일헌금 등이 있습니다. 헌금은 복음 전파와 신앙 성장 교육비, 구제비, 교직원 생활비, 관리비 등 전체 교회를 운영하는 데 사용되며 헌금 관리는 제직회에서 합니다.

헌금을 바침으로 받은 복에 대하여 성경에는 다음과 같이 기록되어 있습니다(신명기 14장 28절; 잠언 19장 17절; 말라기 3장 10절; 누가복음 6장 38절; 고린도후서 9장 7절).

헌금은 정성껏 준비해야 하며 인색한 마음이나 억지로 해서는 안 되며 기쁨으로 즐겨해야 합니다(고린도후서 9장 5-8절).

이렇게 할 때 우리는 지혜로운 물질의 청지기로서 하늘 나라에 나의 보화를 쌓아 놓게 되는 것입니다(마태복음 6장 20절).

8. 심방

교인들의 가정 방문을 교회에서는 '심방'이라 부릅니다. 심방의 목적은 심방 받는 사람들이 신앙생활을 잘 하도록 이끌어 주며 어려운 일을 당할 때는 그 어려움에서 벗어나도록 함께 기도하며 도와주려는 뜻에서입니다.

대개 처음 교회에 나온 분들은 심방을 온다고 하면 막연한 걱정이나 부담감을 갖는 수가 많은데 위에서 말한 심방의 목적을 생각하면 그런 걱정을 할 필요가 없습니다. 오히려 자주 심방을 받는 것이 신앙 성장에 도움이 될 것입니다.

심방을 받았을 때는 가능하면 하던 일을 멈추고 집안의 분위기를 가급적 조용히 할 뿐 아니라 마음을 정돈하고 진지한 마음으로 대화하고 또 기도하는 것이 유익합니다. 또 심방을 받았을 때 믿지 않는 식구들이 집에 있다면 자리를 함께 하도록 해서 그들에게도 복음이 심어질 수 있는 기회로 삼는 것이 좋겠습니다.

심방을 원하실 때는 구역장에게 부탁하거나 직접 교역자들에게 연락하시면 됩니다. 가정 방문을 통해서 그 가정을 알고 피차 친교와 아울러 한가족 된 의식을 느끼며 가정을 위한 기도의 제목을 발견하게 됩니다.

9. 할렐루야

'너희는 여호와를 찬양하라'는 뜻의 히브리말입니다. 시편에는 처음과 끝에 거의 다 할렐루야가 들어가 있으며 초대 교회는 모일 때마다 할렐루야 시를 외웠으며 예수님과 제자들도 마지막 만찬에 까지 할렐루야의 시를 외웠습니다(마태복음 26장 30절). 성도가 하나님을 찬양하는 것이 마땅한 본분이므로 우리는 언제나 할렐루야로 하나님을 찬양해야 할 것입니다.

10. 호산나

'이제 구원하옵소서'의 히브리말입니다(시편 118편 25절). 예수님께서 예루살렘에 입성하실 때 무리들도 호산나를 외쳤습니다(마태복음 21장 9절; 마가복음 11장 9절; 요한복음 12장 13절).

11. 임마누엘

'하나님이 우리와 함께 계시다'는 뜻입니다(마태복음 1장 23절).
예수님을 마음에 영접한 자는 언제나 하나님이 나의 마음 속에 임마누엘로 계십니다.

12. 여호와 이레

'여호와께서 준비하심'이란 뜻으로 하나님께 순종하면 우리가 필요한 모든 것을 하나님께서는 이미 준비하고 계실 것입니다(창세기 22장 1-19절).

13. 샬롬

'평안'이란 히브리말로서 이스라엘 백성의 인사말로 '평안하십니까?' 하는 의미입니다.

14. 계시(Revelation)

'덮어 두었던 뚜껑을 벗겨 보여준다'는 뜻인데 하나님의 세밀한 뜻을 인간이 이해할 수 있도록 나타내 주시는 사건을 말하는 것으로 예수님이야말로 이 땅에 보내 주신 가장 완전한 하나님의 계시입니다(히브리서 1장 1-12절).

기독교에서 말하는 계시는 자연계시(자연의 만물을 통하여 하나님을 알 수 있는 것)와 특별계시(예수님, 성경 말씀)가 있습니다.

15. 메시야(Messiah)

'기름 부음 받은 자'란 뜻이며 구세주인 예수를 가리키는데 이미 구약에서부터 왕, 제사장, 선지자들을 임직하는 의식에서 기름을 부었습니다. 예수님은 신령한 의미에서 이 세 가지 직능을 모두 가지신 분입니다. '메시야'는 히브리말이고 '그리스도'는 헬라말로서 같은 뜻입니다.

16. 보혜사(Counsellor)

'위로자', '도우시는 이'의 뜻으로 예수님이 가시면서 보혜사를 보내 주실 것을 약속해 주셨습니다. 곧 하나님께서 보내 주신 성령을 가리키는 말입니다(요한복음 14장 16절).

17. 알파와 오메가($A \cdot \Omega$)

헬라어 첫 글자와 마지막 글자를 말한 것으로 하나님 자신이 처음과 나중이 되신다는 뜻입니다.

즉 창조와 심판의 주인 하나님을 가리킴과 동시에 삼위일체를 가리키는 것입니다(요한계시록 1장 8절, 21장 6절).

18. 음부

음부는 하나님과 교통이 단절된 곳으로 무섭게 생각되며(시편 6편 5절; 이사야 38장 18절), 신약에서는 믿는 사람들이 가는 곳은 음부가 아닌 낙원이라고 말합니다(누가복음 16장 19-24절, 23장 43절).

19. 신앙생활을 하면서 참고가 될 만한 성경 구절입니다.

① 어려움을 당할 때 : 시편 50편 15절
② 믿어지지 않을 때 : 시편 121편; 요한복음 20장 24-29절
③ 외롭고 고독할 때 : 요한복음 14장 16-18절; 시편 23편
④ 기도에 힘이 없을 때 : 누가복음 11장 5-13절
⑤ 가족이 세상을 떠났을 때 : 요한복음 14장 1-16절
⑥ 살고 싶은 생각이 없을 때 : 로마서 14장 7-9절
⑦ 가족이 다 믿지 않을 때 : 사도행전 16장 31-34절

⑧ 화가 날 때 : 야고보서 1장 19-20절

⑨ 감사한 일이 생겼을 때 : 골로새서 3장 15-17절; 누가복음 17장 11-19절

⑩ 병이 났을 때 : 야고보서 5장 14-16절; 마태복음 8장 14-17절; 고린도후서 12장 7-10절

⑪ 결혼할 때 : 마태복음 19장 4-6절; 에베소서 5장 22-33절

⑫ 생일을 당했을 때 : (어린이) 에베소서 6장 1-3절, (어른) 시편 23편 1-6절

⑬ 이사 갔을 때 : 시편 119편 54절; 마태복음 7장 24-27절

⑭ 사업을 시작할 때 : 시편 125편 1-5절

⑮ 회갑을 당했을 때 : 시편 90편 1-12절

⑯ 구원의 방법 : 요한복음 3장 3, 16절; 로마서 10장 9절

⑰ 근심할 때에 평안 : 빌립보서 4장 6-7절; 요한복음 14장 1, 27절

⑱ 두려울 때에 용기 : 히브리서 13장 5-6절; 고린도후서 4장 8-18절

⑲ 괴로울 때에 평안 : 고린도후서 12장 8-10절; 히브리서 12장 3-13절

⑳ 피곤할 때에 안식 : 마태복음 11장 28-30절

㉑ 슬플 때에 위안 : 고린도후서 1장 3-5절

㉒ 유혹 당할 때에 힘 : 야고보서 1장 12-16절; 고린도전서 10장 6-13절

㉓ 용서 받을 때에 기쁨 : 요한일서 1장 7-10절

㉔ 감사할 때에 찬미 : 히브리서 13장 15절; 데살로니가전서 5장 8절

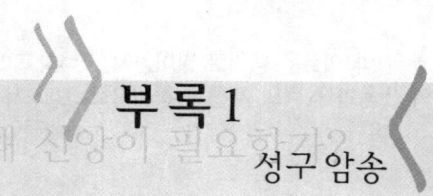

부록 1
성구 암송

1. 하나님의 사랑과 계획
"하나님이 세상을 이처럼 사랑하사 독생자를 주셨으니 이는 저를 믿는 자마다 멸망치 않고 영생을 얻게 하려 하심이니라."(요한복음 3장 16절)

2. 하나님의 사랑과 계획
"도적이 오는 것은 도적질하고 죽이고 멸망시키려는 것뿐이요 내가 온 것은 양으로 생명을 얻게 하고 더 풍성히 얻게 하려는 것이라."(요한복음 10장 10절)

3. 모든 사람이 죄를 범함
"모든 사람이 죄를 범하였으매 하나님의 영광에 이르지 못하더니"(로마서 3장 23절)

4. 모든 사람의 죄를 벌함
"죄의 삯은 사망이요 하나님의 은사는 그리스도 예수 우리 주 안에 있는 영생이니라."(로마서 6장 23절)

5. 죽음 후에 심판
"한 번 죽는 것은 사람에게 정하신 것이요 그 후에는 심판이 있으리니"(히브리서 9장 27절)

6. 둘째 사망
"하나님을 모르는 자들과 우리 주 예수의 복음을 복종치 않는 자들에게 형벌을 주시리니 이런 자들이 주의 얼굴과 그의 힘의 영광을 떠나 영원한 멸망의 형벌을 받으리로다."(데살로니가후서 1장 8-9절)

7. 행위로 구원 받지 못함

"우리를 구원하시되 우리의 행한 바 의로운 행위로 말미암지 아니하고 오직 그의 긍휼하심을 좇아 중생의 씻음과 성령의 새롭게 하심으로" (디도서 3장 5절)

8. 의로 구원 받지 못함

"의인은 없나니 하나도 없으며" (로마서 3장 10절)

9. 지식으로 구원 받지 못함

"이 세상 지혜는 하나님께 미련한 것이니 … 또 주께서 지혜 있는 자들의 생각을 헛것으로 아신다 하셨느니라." (고린도전서 3장 19-20절)

10. 율법으로 구원 받지 못함

"그러므로 율법의 행위로 그의 앞에 의롭다 하심을 얻을 육체가 없나니 율법으로는 죄를 깨달음이니라." (로마서 3장 20절)

11. 돈으로 구원 받지 못함

"너희가 알거니와 너희 조상의 유전한 망령된 행실에서 구속된 것은 은이나 금같이 없어질 것으로 한 것이 아니요." (베드로전서 1장 18절)

12. 종교로 구원 받지 못함

"다른 이로서는 구원을 얻을 수 없나니 천하 인간에 구원을 얻을 만한 다른 이름을 우리에게 주신 일이 없음이니라." (사도행전 4장 12절)

13. 하나님의 사랑

"우리가 아직 죄인 되었을 때에 그리스도께서 우리를 위하여 죽으심으로 하나님께서 우리에게 대한 자기의 사랑을 확증하셨느니라." (로마서 5장 8절)

14. 그리스도께서 죽으심

"그리스도께서도 한번 죄를 위하여 죽으사 의인으로서 불의한 자를 대신하셨으니 이는 우리를 하나님 앞으로 인도하려 하심이라." (베드로전서 3장 18절)

15. 그리스도께서 죽으심
"친히 나무에 달려 그 몸으로 우리 죄를 담당하셨으니 이는 우리로 죄에 대하여 죽고 의에 대하여 살게 하려 하심이라." (베드로전서 2장 24절)

16. 부활하신 예수
"내가 받은 것을 먼저 너희에게 전하였노니 이는 성경대로 그리스도께서 우리 죄를 위하여 죽으시고 장사 지낸 바 되었다가 성경대로 사흘만에 다시 살아나사" (고린도전서 15장 3-4절)

17. 부활하신 예수
"이제는 우리 구주 그리스도 예수의 나타나심으로 말미암아 나타났으니 저는 사망을 폐하시고 복음으로써 생명과 썩지 아니할 것을 드러내신지라." (디모데후서 1장 10절)

18. 길 되신 예수
"예수께서 가라사대 내가 곧 길이요 진리요 생명이니 나로 말미암지 않고는 아버지께로 올 자가 없느니라." (요한복음 14장 6절)

19. 영접해야 함
"영접하는 자 곧 그 이름을 믿는 자들에게는 하나님의 자녀가 되는 권세를 주셨으니" (요한복음 1장 12절)

20. 영접해야 함
"볼지어다 내가 문 밖에 서서 두드리노니 누구든지 내 음성을 듣고 문을 열면 내가 그에게로 들어가 그로 더불어 먹고 그는 나로 더불어 먹으리라." (요한계시록 3장 20절)

21. 구원 받은 자의 축복 (새로운 피조물)
"그런즉 누구든지 그리스도 안에 있으면 새로운 피조물이라 이전 것은 지나갔으니 보라 새것이 되었도다." (고린도후서 5장 17절)

22. 구원 받은 자의 축복
"내가 진실로 진실로 너희에게 이르노니 내 말을 듣고 또 나 보내신 이를

믿는 자는 영생을 얻었고 심판에 이르지 아니하나니 사망에서 생명으로 옮겼느니라." (요한복음 5장 24절)

23. 구원 받은 자의 축복
"내가 그리스도와 함께 십자가에 못 박혔나니 그런즉 이제는 내가 산 것이 아니요 오직 내 안에 그리스도께서 사신 것이라 이제 내가 육체 가운데 사는 것은 나를 사랑하사 나를 위하여 자기 몸을 버리신 하나님의 아들을 믿는 믿음 안에서 사는 것이라." (갈라디아서 2장 20절)

24. 구원 받은 자의 축복 (죄 사함)
"그러므로 이제 그리스도 예수 안에 있는 자에게는 결코 정죄함이 없나니 이는 그리스도 예수 안에 있는 생명의 성령의 법이 죄와 사망의 법에서 너를 해방하였음이라." (로마서 8장 1-2절)

25. 구원 받은 자의 축복 (영생)
"내가 저희에게 영생을 주노니 영원히 멸망치 아니할 터이요 또 저희를 내 손에서 빼앗을 자가 없느니라." (요한복음 10장 28절)

26. 구원 받은 자의 축복 (거듭남)
"너희가 거듭난 것이 썩어질 씨로 된 것이 아니요 썩지 아니할 씨로 된 것이니 하나님의 살아 있고 항상 있는 말씀으로 되었느니라." (베드로전서 1장 23절)

27. 구원 받은 자의 축복 (죄 사함)
"우리가 그리스도 안에서 그의 은혜의 풍성함을 따라 그의 피로 말미암아 구속 곧 죄 사함을 받았으니" (에베소서 1장 7절)

28. 영생의 확신
"또 증거는 이것이니 하나님이 우리에게 영생을 주신 것과 이 생명이 그의 아들 안에 있는 그것이니라 아들이 있는 자에게는 생명이 있고 하나님의 아들이 없는 자에게는 생명이 없느니라." (요한일서 5장 11-12절)

29. 구원은 하나님의 선물
"너희가 그 은혜를 인하여 믿음으로 말미암아 구원을 얻었나니 이것이 너희에게서 난 것이 아니요 하나님의 선물이라 행위에서 난 것이 아니니 이는 누구든지 자랑치 못하게 하려 함이니라." (에베소서 2장 8-9절)

30. 구원의 확신
"네가 만일 네 입으로 예수를 주로 시인하며 또 하나님께서 그를 죽은 자 가운데서 살리신 것을 네 마음에 믿으면 구원을 얻으리니" (로마서 10장 9절)

31. 성령의 임재와 증인
"오직 성령이 너희에게 임하시면 너희가 권능을 받고 예루살렘과 온 유대와 사마리아와 땅 끝까지 이르러 내 증인이 되리라 하시니라." (사도행전 1장 8절)

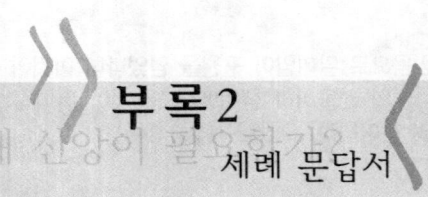

부록2
세례 문답서

세례 문답서

문답 Ⅰ

1. 교회생활과 개인생활

① 교회에 나온 지 얼마나 되었습니까?

_____ 되었습니다.

② 우리 교회에 나오게 된 동기는 무엇입니까? (누구의 안내로 나오게 되었다든지 혹은 자기의 마음이 끌려서 나오게 되었다는 동기를 말할 것)

③ 주일낮예배, 주일저녁예배, 삼일저녁기도회, 기타 교회의 집회에 잘 참석합니까? (사실대로 말하고, 잘 참석하지 않으면 잘 하도록 할 것)

④ 술을 마시거나 담배를 피우지 않습니까? (사실대로 말할 것, 술을 마시지 않고 담배를 피우지 않아야 함)

⑤ 주일 헌금을 바칩니까? (사실대로 말하고, 헌금하지 않으면 헌금하도록 할 것)

⑥ 매일 기도합니까? (사실대로 말하고, 기도하지 않으면 기도하도록 할 것)

⑦ 누구의 이름으로 기도합니까?
예수 그리스도의 이름으로 기도합니다.

⑧ 매일 성경을 읽습니까? (사실대로 말하고, 성경을 읽지 않으면 성경을 읽도록 할 것)

⑨ 누구에게 예배드립니까?
하나님께 예배드립니다.

⑩ 교회학교에 출석합니까? (사실대로 말하고, 교회학교에 출석하지 않으면 출석하도록 할 것)

2. 성경

① 성경은 무슨 책입니까?
기독교의 정경으로서 하나님의 말씀을 기록한 책입니다.

② 성경은 누가 기록하였습니까?
하나님의 성령을 받은 사람들이 기록하였습니다.

③ 성경은 어떻게 나누어져 있습니까?
구약과 신약으로 나누어져 있습니다.

④ 성경은 몇 권입니까?

전부 66권입니다.

⑤ 구약은 몇 권이고 신약은 몇 권입니까?
구약은 39권이고 신약은 27권입니다.

⑥ 구약에는 무엇이 기록되어 있습니까?
그리스도께서 나시기 전 일이 기록되어 있습니다.

⑦ 신약에는 무엇이 기록되었습니까?
그리스도께서 나신 이후의 일이 기록되어 있습니다.

⑧ 인류의 시초는 누구입니까?
아담과 하와입니다.

⑨ 아담과 하와를 어디에 두었습니까?
에덴동산에 두었습니다.

⑩ 아담과 하와가 무슨 죄를 지었습니까?
하나님의 명령을 거역하고 금하신 선악과를 먹었습니다.

⑪ 그들은 왜 선악과를 따먹었습니까?
마귀의 유혹으로 교만한 마음이 생겨 따먹었습니다.

⑫ 그들이 선악과를 따먹은 결과 어떻게 되었습니까?
에덴동산에서 쫓겨났습니다.

⑬ 예수님의 생애와 교훈을 기록한 책은 무엇입니까?
복음서입니다.

⑭ 복음서는 어떤 책들입니까?

마태복음, 마가복음, 누가복음, 요한복음입니다.

⑮ 예수님은 어디에서 나셨습니까?

유대나라 베들레헴에서 나셨습니다.

⑯ 예수님의 육신의 부모는 누구입니까?

요셉과 마리아입니다.

⑰ 예수님은 세상에 몇 해 동안 사셨습니까?

33년 동안 사셨습니다.

⑱ 예수님의 제자는 몇 명이었습니까?

열두 명입니다.

⑲ 예수님은 어떻게 죽으셨습니까?

십자가에 못박혀 죽으셨습니다.

⑳ 예수님은 못 박혀 죽으신 후 어떻게 되었습니까?

예수님은 사흘만에 부활하셨습니다.

㉑ 예수님은 부활하신 후 어떻게 되었습니까?

예수님은 40일 후에 승천하셨습니다.

3. 신앙과 교리

① 신앙이란 무엇입니까?
그리스도를 믿고 의지하는 것입니다.

② 예수는 누구이십니까?
우리의 구주이시며 하나님의 아들이십니다.

③ 예수님은 어떻게 탄생하셨습니까?
성령으로 잉태되어 동정녀 마리아의 몸에서 탄생하였습니다.

④ 예수님은 무슨 목적으로 세상에 오셨습니까?
인류를 구원하기 위하여 세상에 오셨습니다.

⑤ 예수님은 왜 십자가에 못 박혀 죽으셨습니까?
나와 인류의 죄를 대속하기 위해서입니다.

⑥ 예수님은 지금 어디에 계십니까?
하나님의 우편에 계셔서 우리를 위하여 기도하고 계십니다.

⑦ 예수님은 무엇을 전하고 가르치셨습니까?
하나님 나라의 복음을 전하고 가르치셨습니다.

⑧ 하나님은 누구이십니까?
하늘에 계신 우리 아버지이십니다.

⑨ 하나님은 몇 분이십니까?
오직 한 분이십니다.

⑩ 하나님은 우주 만물을 어떻게 창조하셨습니까?
말씀으로 창조하셨습니다.

⑪ 하나님은 사람을 어떻게 창조하셨습니까?
하나님은 흙으로 몸을 만드시고 생기를 코에 불어넣어 생령이 되게 하셨습니다.

⑫ 하나님은 어디에 계십니까?
하나님은 계시지 않는 곳이 없습니다.

⑬ 하나님이 계신 것을 어떻게 알 수 있습니까?
이 세상을 보고 알 수 있고 성서를 통하여 더 잘 알 수 있습니다.

⑭ 하나님의 성품은 어떠합니까?
거룩하고 참되고 의로우시며 사랑이십니다.

⑮ 하나님과 우리는 어떤 관계가 있습니까?
하나님은 우리의 아버지시요 우리는 그의 자녀입니다.

⑯ 성령은 무엇입니까?
하나님의 영이요 그리스도의 영입니다.

⑰ 누가 성령을 받을 수 있습니까?
하나님을 아버지로 그리스도를 주로 믿는 사람이 받을 수 있습니다.

⑱ 교회는 무엇입니까?
하나님의 부르심을 받은 그리스도를 믿는 무리의 공동체입니다.

⑲ 교회의 목적은 무엇입니까?
죄인을 불러 구원케 하는 것입니다.

⑳ 구원이란 무엇입니까?
예수 그리스도를 믿음으로써 죄와 죽음에서 구원함을 받는 것입니다.

㉑ 주기도란 무엇입니까?
주님이 가르쳐 주신 기도입니다.

㉒ 주기도문을 외우십니까?
하늘에 계신 우리 아버지여, 이름이 거룩히 여김을 받으시오며, 나라이 임하옵
시며, 뜻이 하늘에서 이룬 것같이 땅에서도 이루어지이다. 오늘날 우리에게 일
용할 양식을 주옵시고, 우리가 우리에게 죄 지은 자를 사하여 준 것 같이 우리
죄를 사하여 주옵시고, 우리를 시험에 들지 말게 하옵시며, 다만 악에서 구하
옵소서. 대개 나라와 권세와 영광이 아버지께 영원히 있사옵나이다. 아멘.

4. 가정생활과 사회생활

① 가족이 다 믿습니까? (사실대로 대답할 것. 그리고 믿지 않는 가족
이 있으면 믿도록 권면할 것)

② 가정예배를 드립니까? (사실대로 대답할 것. 그리고 가정예배를
드리지 않으면 드리도록 할 것)

③ 우리의 가정은 어떤 집이 되어야 하겠습니까?
하나님을 예배하고 그의 말씀대로 살고 그의 뜻을 따라 부모를 공경하고 자녀
를 양육하는 곳이 되어야 합니다.

④ 결혼과 장례는 어떻게 해야 합니까?
목사님과 의논하여서 교회의 법대로 해야 합니다.

⑤ 우리는 하나님께 대하여 어떠한 생활을 해야 합니까?
우리는 하나님을 사랑하고 하나님을 모시고 그의 뜻대로 살아야 합니다.

⑥ 우리는 이웃과 어떠한 생활을 해야 합니까?
우리는 이웃을 사랑하고 봉사하는 생활을 해야 합니다.

⑦ 우리는 세상을 어떻게 보아야겠습니까?
하나님이 세상을 창조하시고 섭리하시는 것으로 보아야 합니다.

⑧ 우리는 사회생활을 어떻게 해야 합니까?
우리는 그리스도를 증거하고 사회의 질서를 유지하고 책임을 다하는 생활을
해야 합니다.

⑨ 무슨 직업을 가지고 있습니까? (자기의 직업을 말할 것. 그리고
그리스도인의 생활에 적합하지 못한 직업이면 그리스도인의 생활에 적합
한 직업을 가지도록 할 것)

⑩ 교회생활을 할 때에 직장생활의 어려운 점은 없습니까? (사실
대로 말할 것. 그리고 어려운 점이 있으면 믿음과 성의로써 해결하도록 할
것)

문답 II

1. 가정생활과 개인생활

① 교회에 나온 지 얼마나 되었습니까?
_____ 이상 되었습니다.

② 교회에 나온 후 예배에 잘 출석하였습니까? (사실대로 말할 것.
교회에 빠지지 않고 성의껏 출석하도록 할 것)

③ 예배는 무엇입니까?
하나님을 찬송하고 기도하며 하나님의 말씀을 듣는 하나님과의 대화와 사귐입
니다.

④ 매일 기도의 생활을 합니까? (사실대로 말할 것. 매일 기도의 생
활을 계속하도록 할 것)

⑤ 매일 성경을 읽고 연구합니까? (사실대로 말할 것. 매일 성경을
읽고 연구하도록 할 것)

⑥ 주일헌금, 월정헌금, 감사헌금을 바칩니까? (사실대로 말할 것.
모든 헌금을 성의껏 바치도록 할 것)

⑦ 교회학교에 잘 출석합니까? (사실대로 말할 것. 교회학교에 열심
히 출석하여 공부하도록 할 것)

⑧ 다른 사람에게 전도한 일이 있습니까? (사실대로 말할 것. 다른
사람에게 전도하는 데 힘쓸 것)

⑨ 절제의 생활을 합니까? (사실대로 말할 것. 술을 마시거나 담배를 피우지 말고 모든 일에 절제하도록 할 것)

⑩ 교회 사업에 봉사한 일이 있습니까? (사실대로 말할 것. 교회 사업에 적극적으로 봉사하도록 할 것)

2-1. 성경

① 성경은 무엇입니까?
성경은 하나님의 말씀입니다. 하나님은 성경의 예언자와 사도를 통하여 하나님의 독생자인 우리 주 예수 그리스도를 우리와 그의 교회에 가르쳐 줍니다.

② 성경은 어떤 책입니까?
성경은 하나님의 감동으로 된 책으로 우리의 신앙과 생활의 유일한 법칙입니다.

③ 모세의 오경은 무슨 책입니까?
창세기, 출애굽기, 레위기, 민수기, 신명기입니다.

④ 하나님은 사람을 어떠한 형상으로 창조하셨습니까?
하나님은 사람을 하나님의 형상대로 창조하셨습니다.

⑤ 이 우주는 누가 창조하였습니까?
하나님께서 창조하셨습니다.

⑥ 하나님께서 맨 처음에 창조한 사람은 누구입니까?
아담과 하와입니다.

⑦ 아담과 하와의 아들은 누구입니까?
가인과 아벨과 셋입니다.

⑧ 홍수 때 방주를 지은 사람은 누구입니까?
노아입니다.

⑨ 노아 홍수 후, 사람들이 시날 평지에서 쌓은 탑을 무엇이라고 합니까?
바벨탑이라고 합니다.

⑩ 이스라엘의 믿음의 조상은 누구입니까?
아브라함입니다.

⑪ 아브라함이 한 일 중에서 가장 훌륭한 일은 무엇입니까?
아들 이삭을 모리아산에서 하나님께 제물로 바친 것입니다.

⑫ 이삭의 아들은 누구입니까?
야곱과 에서입니다.

⑬ 야곱은 어떠한 일을 하였습니까?
야곱은 우물을 파서 다른 사람들로 하여금 생수를 마시게 하였습니다.

⑭ 야곱의 아들 중에서 가장 훌륭한 아들은 누구입니까?
요셉입니다.

⑮ 요셉은 무슨 일을 하였습니까?
요셉은 형제들의 미움을 사서 애굽으로 팔려 갔으나, 후에 애굽의 총리가 되어서 흉년으로 고생하는 그의 부모와 형제를 그곳으로 데려 갔습니다.

⑯ 이스라엘을 애굽에서 구원하여 낸 사람은 누구입니까?
모세입니다.

⑰ 이스라엘은 광야에서 몇 해 동안 살았습니까?
40년 동안 살았습니다.

⑱ 하나님이 이스라엘에게 약속한 땅은 어디입니까?
가나안입니다.

⑲ 모세는 무엇을 하였습니까?
시내산에서 하나님으로부터 십계명을 받아서 이스라엘 백성에게 전해 주었습니다.

⑳ 모세의 후계자로서 이스라엘을 인도하여 가나안에 들어가게 한 사람은 누구입니까?
여호수아입니다.

㉑ 이스라엘 왕국을 잘 통치하고 신앙이 돈독한 왕은 누구입니까?
다윗 왕입니다.

㉒ 예루살렘의 성전을 건축하고 지혜가 많은 왕은 누구입니까?
솔로몬 왕입니다.

㉓ 솔로몬이 죽은 후, 이스라엘 왕국은 어떻게 되었습니까?
북은 이스라엘 왕국으로, 남은 유다 왕국으로 나뉘게 되었습니다.

㉔ 북 이스라엘 왕국은 나중에 어떻게 되었습니까?

앗수르에게 멸망 당했습니다.

㉕ 남 유다 왕국은 나중에 어떻게 되었습니까?
바벨론에 멸망 당하고 포로로 끌려갔습니다.

㉖ 유다 민족은 바벨론에서 몇 해 동안 있었습니까?
70년 동안 있었습니다.

㉗ 유다 민족은 바벨론에서 조국에 귀환하여 가장 먼저 무슨 일을 하였습니까?
예루살렘의 성전을 재건하였습니다.

㉘ 이스라엘 민족에게 하나님의 말씀을 전한 사람을 무엇이라고 합니까?
예언자라고 합니다.

㉙ 4대 예언자는 누구입니까?
이사야, 예레미야, 에스겔, 다니엘입니다.

㉚ 하나님의 정의를 선포한 예언자는 누구입니까?
아모스입니다.

2-2. 성경

① 하나님의 사랑을 선포한 예언자는 누구입니까?
호세아입니다.

② 욥기는 어떤 책입니까?

욥기는 죄없는 욥이 고생을 당하였으나 하나님을 믿고 의로운 생활을 한 것을 가르치는 책입니다.

③ 시편은 어떤 책입니까?

시편은 하나님을 찬송하는 시와 죄를 회개하는 시를 모은 책입니다.

④ 복음서에는 무엇을 기록하였습니까?

예수님의 생애와 교훈을 기록하였습니다.

⑤ 예수님이 자라나신 곳은 어디입니까?

나사렛입니다.

⑥ 예수님의 열두 제자는 누구입니까?

베드로, 안드레, 야고보, 요한, 빌립, 바돌로매, 도마, 마태, 알패오의 아들 야고보, 다대오, 가나안의 시몬, 가룟유다입니다.

⑦ 열두 제자 중 예수님이 가장 사랑하고 또 예수님을 가까이 한 세 제자는 누구입니까?

베드로, 야고보, 요한입니다.

⑧ 예수님을 배반하고 판 제자는 누구입니까?

가룟유다입니다.

⑨ 예수님의 산상의 설교는 복음서 중 어디에 있습니까?

마태복음 5장, 6장, 7장에 있습니다.

⑩ 예수님이 가르치신 비유 중에서 유명한 비유 넷만 말하시오.

씨 뿌리는 비유, 포도나무 비유, 선한 사마리아인의 비유, 탕자의 비유입니다.

⑪ 예수님이 행한 기적 중에서 유명한 기적 넷만 말하시오.
떡 다섯 덩어리와 생선 두 마리를 가지고 5,000명을 먹이신 것, 바다의 풍랑을 잔잔하게 하신 것, 귀신을 내 쫓으신 것, 중풍병자를 고쳐 주신 것입니다.

⑫ 예수님이 가르치신 가장 귀중한 성구는 무엇입니까?
"하나님이 세상을 이처럼 사랑하사 독생자를 주셨으니 이는 저를 믿는 자마다 멸망치 않고 영생을 얻게 하려 하심이니라."(요한복음 3장 16절)

⑬ 예수님을 반대한 사람은 누구이었습니까?
유대인의 바리새인과 사두개인이었습니다.

⑭ 예수님을 재판하고 십자가에 못 박은 사람은 누구였습니까?
총독 빌라도와 로마의 군인이었습니다.

⑮ 예수님은 어디에서 십자가에 못 박혀 죽으셨습니까?
골고다에서 못 박혀 죽으셨습니다.

⑯ 예수님을 어디에 장사하였습니까?
감람원의 돌무덤에 장사하였습니다.

⑰ 예수님은 어떻게 부활하셨습니까?
무덤에서 산 몸으로 부활하셨습니다.

⑱ 예수님은 부활한 후 제자들과 사람들에게 몇 번 나타나셨습니까?
부활하신 주님은 제자들과 사람들에게 열한 번 나타나셨습니다.

⑲ 부활하신 그리스도는 어디에 계십니까?
부활하신 그리스도는 승천하여 하나님의 우편에 계십니다.

⑳ 그리스도는 이 세상에 다시 오십니까?

그리스도는 세상의 종말에 이 세상에 다시 오십니다.

㉑ 그리스도는 무엇을 하기 위하여 이 세상에 다시 오십니까?

그리스도는 인류를 심판하고 구원하기 위하여 이 세상에 다시 오십니다.

㉒ 예수님의 제자외에 유명한 사도는 누구입니까?

바울입니다.

㉓ 바울은 어떠한 사람입니까?

바울은 예수님을 믿기 전에는 사울이라고 했는데 예수님을 믿는 사람들을 박
해하려고 다메섹으로 가다가 홀연히 나타난 예수님을 만나서 회개한 후 그리
스도의 사도로서 일생 동안 이방에 선교한 사람입니다.

㉔ 바울이 쓴 책은 몇 권이며 그 책 이름은 무엇입니까?

바울이 쓴 책은 열세 권인데 로마서, 고린도전서, 고린도후서, 갈라디아서, 에
베소서, 빌립보서, 골로새서, 데살로니가전서, 데살로니가후서, 디모데전서, 디
모데후서, 디도서, 빌레몬서입니다.

㉕ 옥중 서신은 무슨 책입니까?

바울이 로마 옥중에서 쓴 편지인 에베소서, 빌립보서, 골로새서, 빌레몬서입니
다.

㉖ 목회 서신은 무슨 책입니까?

바울이 그의 사랑하는 제자 디모데와 디도에게 보낸 목회에 관한 편지인데 디
모데전서, 디모데후서, 디도서입니다.

㉗ 십계명은 무엇입니까?

모세가 하나님께로부터 받아서 이스라엘 백성에게 가르쳐 준 열 계명입니다.

㉘ 십계명을 외우십니까?
제1계명 나 외에 다른 신을 섬기지 말라.
제2계명 너를 위하여 우상을 만들어 절하며 섬기지 말라.
제3계명 하나님 여호와의 이름을 망령되이 일컫지 말라.
제4계명 안식일을 기억하여 거룩하게 지키라.
제5계명 네 부모를 공경하라.
제6계명 살인하지 말라.
제7계명 간음하지 말라.
제8계명 도적질하지 말라.
제9계명 이웃을 해하려고 거짓 증거하지 말라.
제10계명 네 이웃의 것은 무엇이든지 탐내지 말라.

3-1. 신앙과 교리

① 기독교와 타종교와의 다른 점은 무엇입니까?
기독교는 하나님의 아들 예수 그리스도를 우리를 구원하신 유일한 구주로 믿지만 다른 종교들은 그 종교의 창시자를 성자로 숭배하는 것입니다.

② 참 종교와 우상은 어떻게 다릅니까?
참 종교는 그리스도를 통하여 하나님을 예배하지만, 우상은 하나님 이외의 것을 숭배합니다.

③ 기독교 신앙의 중심은 무엇입니까?
하나님의 아들 예수 그리스도입니다.

④ 하나님은 어떤 분이십니까?
우주 만물과 인간을 창조하시고 섭리하시며 역사를 지배하시는 이와 사랑의 하나님이십니다.

⑤ 우리가 어떻게 하나님을 알 수 있습니까?

성서를 통하여, 예수 그리스도를 통하여, 자연과 역사를 통하여, 우리의 양심과 믿음을 통하여 알 수 있습니다.

⑥ 하나님 한 분밖에 또 다른 하나님이 있습니까?

하나님은 한 분 뿐이신데 참되시며 살아 계십니다.

⑦ 하나님의 신격에는 몇 위가 계십니까?

하나님의 신격에는 성부와 성자와 성령의 삼위가 계시는데, 이 삼위는 한 하나님이십니다.

⑧ 왜 예수님을 믿습니까?

예수님은 하나님의 아들이요 나를 구원하신 구주이기 때문에 믿습니다.

⑨ 왜 예수님은 우리의 구주가 되십니까?

예수님은 우리를 죄에서 구원하시고 죽음에서 영생으로 옮기셨기 때문입니다.

⑩ 예수님의 십자가의 죽음은 무슨 뜻이 있습니까?

예수님이 우리를 대신하여 형벌을 받으시고 죽음으로써 우리의 죄를 속죄하신 것입니다.

⑪ 예수님의 부활은 무슨 뜻이 있습니까?

우리가 예수님을 믿음으로써 부활하여 영생을 얻는 것을 의미합니다.

⑫ 성령은 무엇입니까?

삼위일체 하나님의 제 삼위로서 우리의 지도와 위안과 힘이 되시는 분입니다.

⑬ 우리에게는 어떠한 죄가 있습니까?

원죄와 현재 짓는 죄가 있습니다.

⑭ 원죄는 무엇입니까?
인류의 시조 아담이 하나님의 명령을 불순종한 죄인데, 그의 자손은 나면서부터 다 죄인입니다.

⑮ 우리가 죄의 문제를 어떻게 해결할 수 있습니까?
회개하고 주 예수 그리스도를 믿음으로써 죄에서 구속함을 받을 수 있습니다.

3-2. 신앙과 교리

① 중생이란 무슨 뜻입니까?
예수 그리스도를 믿고 새 사람이 되어서 성령으로써 새 생활을 하는 것입니다.

② 하나님 나라는 무엇입니까?
하나님이 통치하는 나라를 의미하는데, 내세와 현세에 있는 것입니다.

③ 은혜란 무엇입니까?
하나님이 주시는 은사인데, 그리스도를 믿는 우리에게 영생을 주시는 것과 우리 생활에 필요한 모든 것을 주시는 것입니다.

④ 그리스도께서 우리의 구속자로 무슨 직분을 행하셨습니까?
그리스도께서 우리의 구속자로 선지자와 제사장과 왕의 직분을 행하셨습니다.

⑤ 교회는 무슨 단체입니까?
그리스도를 구주로 믿는 그리스도인의 신앙 공동체입니다.

⑥ 교회는 무엇을 합니까?
예배, 선교, 교육, 봉사, 친교를 합니다.

⑦ 교회의 성례는 무엇입니까?

세례와 성찬입니다.

⑧ 세례는 무엇입니까?

죄 씻음을 받는 표인데, 교인이 되는 것을 의미합니다.

⑨ 성찬은 무엇입니까?

예수님의 최후의 만찬을 의미하는 것으로 떡과 포도주를 먹고 마시는데, 그것은 예수님의 몸과 피를 기념하는 것입니다.

⑩ 교회는 언제 탄생되었습니까?

예루살렘의 다락방에 모여서 기도하던 120인의 무리가 오순절에 성령을 받음으로써 교회가 탄생되었습니다.

⑪ 예수님이 가르치신 두 가지 계명, 즉 율법과 선지자의 대강령은 무엇입니까?

첫째는 마음을 다하고 성품을 다하고 뜻을 다하여 주 우리 하나님을 사랑하는 것이고, 둘째는 이웃을 내 몸과 같이 사랑하는 것입니다.

⑫ 종교개혁은 누가 언제 하였습니까?

16세기에 독일 사람 마틴 루터와 프랑스 사람 존 칼빈이 하였습니다.

⑬ 기독 교회의 큰 두 가지 교파는 무엇입니까?

프로테스탄트(신교)와 로마 카톨릭교(구교)입니다.

⑭ 신교와 구교의 다른 점은 무엇입니까?

신교는 하나님의 말씀인 성서와 개인의 신앙에 중점을 두지만, 구교는 교회와 교회의 전통에 중점을 두는 것이 다른 점입니다.

⑮ 장로교를 시작한 이는 누구입니까?
스위스 제네바에서 종교개혁을 한 존 칼빈입니다.

⑯ 장로교의 특색은 무엇입니까?
하나님의 주권을 믿고 하나님께 영광을 돌리는 것입니다.

⑰ 사도신경은 무엇입니까?
사도들의 신앙고백인데, 기독교의 중요한 교리를 요약한 것으로서 우리 그리스도인의 기본적 신앙고백입니다.

⑱ 사도신경을 외우십니까?
전능하사 천지를 만드신 하나님 아버지를 내가 믿사오며 그 외아들 우리 주 예수 그리스도를 믿사오니 이는 성령으로 잉태하사 동정녀 마리아에게 나시고 본디오 빌라도에게 고난을 받으사 십자가에 못 박혀 죽으시고 장사한지 사흘 만에 죽은 자 가운데서 다시 살아나시며 하늘에 오르사 전능하신 하나님 우편에 앉아 계시다가 저리로서 산 자와 죽은 자를 심판하러 오시리라. 성령을 믿사오며 거룩한 공회와 성도가 서로 교통하는 것과 죄를 사하여 주시는 것과 몸이 다시 사는 것과 영원히 사는 것을 믿사옵나이다. 아멘.

4. 가정생활과 사회생활

① 인생의 목적이 무엇입니까?
하나님을 영화롭게 하는 것과 그를 즐거워하는 것입니다.

② 하나님은 우리를 왜 이 세상에 보내었습니까?
예수 그리스도의 성업을 이어 받아서 행하게 하시려고 우리를 이 세상에 보내었습니다.

③ 사람은 왜 누구나 다 일을 해야 합니까?
하나님이 사람에게 일을 하도록 명하시고 또 일을 맡기셨기 때문입니다.

④ 우리는 노동에 대해서 어떤 생각을 가져야 하겠습니까?
노동은 하나님이 명하신 것이기 때문에 신성한 것으로 생각해야 합니다. 성경에 "너는 종신토록 수고 하여야 그 소산을 먹으리라." "네가 얼굴에 땀이 흘러야 식물을 먹고"(창세기 3장 17, 18절), "엿새 동안에 힘써 네 모든 일을 하라."(출애굽기 20장 9절) "누구든지 일하기 싫어하거든 먹지도 말게 하라."(데살로니가후서 3장 10절)고 가르쳤습니다.

⑤ 우리는 어떤 가정을 이루어야 하겠습니까?
하나님께 영광을 돌리며 하나님의 뜻을 이루는 가정을 이루어야겠습니다.

⑥ 우리는 왜 부모를 공경해야 합니까?
우리는 하나님 아버지를 사랑하고 섬기는 동시에 육신의 부모를 사랑하고 공경해야 합니다.

⑦ 우리는 자녀를 어떻게 지도해야 하겠습니까?
주 안에서 하나님의 말씀과 신앙으로 지도해야 합니다.

⑧ 우리는 국가와 교회에 대해서 어떻게 해야 하겠습니까?
우리는 선량한 국민으로서 국가에 대하여 의무를 다하는 동시에 선량한 그리스도인으로서 교회에 봉사해야 하겠습니다.

⑨ 그리스도인의 사회에 대하여 어떻게 해야 하겠습니까?
그리스도인은 사회 정의에 책임을 지고 사회 발전에 이바지해야 하겠습니다.

⑩ 그리스도인은 세계에 대해서 어떻게 해야 하겠습니까?
그리스도인은 세계의 평화와 인류의 공존을 위하여 기도하고 노력해야 하겠습니다.